报海杂忆

顾执中

顾执中◎著

中国文史出版社

顾执中

写在前面

顾执中先生是我国新闻界的老前辈，今年87岁。他在新闻战线上的数十年奋斗以及丰富的采访经验都是值得称道的。

顾执中先生也是一位著名的新闻教育家。他曾于1928年冬在上海创办民治新闻专科学校，历时20余载，为国家培养了大量新闻专科人才。目前，许多当年的民治新专学生正活跃在我国新闻出版战线上。

像很多人一样，1957年那场政治风暴也把顾执中卷进去了。于是他蛰居在北京宣武门外一条小胡同里，每天闭门写作。他用毛笔在旧纸上密密麻麻地写了近50万字的书稿，取名《昔非今比》，稿中谈往论今，热情地讴歌了新中国。1981年，我们在顾老那里看到了这本书稿。征得顾老同意后，我们把其中的主要章节摘录成书，定名为《报海杂忆》，奉献给广大读者。

北京市政协文史资料研究委员会

1985年10月

目录

contents

写在前面 / 1

我当上了记者 / 2

五卅惨案 / 6

谢福生虎口逃生 / 12

四一二事变前后 / 14

对日经济绝交大同盟 / 23

蒋宋结婚 / 26

国民党四中全会 / 29

在第二集团军当随军记者 / 35

五三惨案及北上采访 / 39

第一次到东北 / 54

九一八事变 / 56

陈友仁 / 63

一·二八抗战 / 65
随李顿调查团到东北调查 / 74
民权保障大同盟 / 82
十九路军在福州成立人民政府 / 84
我参加了抗日救亡工作 / 87
纪念五卅大会 / 90
领导上海北站的群众请愿 / 93
我参加了国难教育社 / 96
吴铁城破坏九一八纪念大会 / 98
红格尔图和百灵庙之行 / 101
七七事变的爆发 / 107
八一三上海抗战 / 110
“星二聚餐会” / 118
慰劳第三战区 / 122
我被敌伪狙击 / 132
第一次到重庆 / 146
当设计委员 / 149
抗战胜利前后 / 152

我参加了中国民主同盟 / 155
反对美国扶植日本军国主义 / 158
我参加了九三学社 / 162
再次逃往香港 / 165
从香港到天津 / 167
来到北平 / 170

附　录　光荣的中国新闻记者 顾执中 / 174
能终身当记者吗 顾执中 / 181
我与戈公振 顾执中 / 184
阅报随感 顾执中 / 190
名报人顾执中生平 李慕真 / 192
老报人顾执中二三事 李慕真 / 196
顾执中“读者有其报”的设想 李慕真 / 199
86岁的特约记者顾执中 葛　娴　陆宏德 / 201
顾执中的办学特色 薛大元 / 212

后　记 / 215

1898年农历五月二十六日，我降生到这个世界上。现在我已经到了垂暮之年，回首往事，报海浮沉数十年，历尽人间沧桑。长期报海生活中那些经历过的事情使我难忘，觉得应该记下来供读者一阅，作为研究现代历史的参考。

我当上了记者

我家在浦东南汇县周浦镇，这个镇距离上海市区只有十几里地，是个小镇。镇上一品斋生产的豆腐干和三阳南货店的火炙糕却远近闻名。

我出生在一个贫苦家庭。祖父和外祖父都是木匠。父亲却读了几年书，能够到地主家去教教门馆，但生活也艰难得很，常靠借债度日。几年之后，满身是债。每逢除夕，父亲外出躲债，债主们提着灯笼来家讨债，挤在屋里，坐着不走。母亲忙着说好话应付他们，真是不堪其苦。这样的生活过了好几年，为了躲债，我们全家只好携带随身东西秘密地逃往上海，离开了故乡。在上海，父亲仍然找不到正式工作。连年失业，吃尽当光，连脚桶、铜壶等物，只要当铺能要的东西都典质一空。那时我虽年幼，却学会了当东西。每次出门，我拿着父亲交给我典当的东西，小心翼翼地走向当铺。当铺门口，墙上大书一个吓人的“当”字。我来到当铺门口，因为典当东西是件丢脸的事，害怕被人瞧见，先看看周围有熟人没有，没有发现熟人，我就轻轻地跨进当铺，再看看里面有没有熟人，肯定没有熟人了，我才拿出要当的东西，走到高与人齐的柜台前，双手把东西捧上去。朝奉（即当铺先生）用戴着老花眼镜的眼睛看了看东西，故意表示不要，我低声哀求，他才表示可以收下，然后向账房唱出所当的东西和当的钱数。账房写好当票，由朝奉把当票和钱一并交给我。我握着这来之不易的钱，感到一阵心酸，赶紧跑回家中，把当票和钱如数交给父亲，好买米做饭。

父亲教我识字。他先按照《千字文》教我学方块字，后来读那时的新书《蒙学课本》。稍大一点以后，我学会看小说，又读《左传》《古文观止》。父亲给我取名“执中”，号“效汤”，这是从“汤执中，立贤无方”的典故中引出来的，我嫌“效汤”这个名字不好听，一直没有用过。父亲失业三年之后，有位邻居劝我父亲说，你既有文化，为何不去开办一所学校，自己教书谋生呢？父亲接受了他的意见，借些钱，开设了一所养中学校（地址在上海的南无锡路），我们家的生活才勉强能够维持。我也在父亲设的小学里读书。那时父亲加入了基督教，江长川牧师介绍我考入教会学校中西中学读书。中西中学的前身叫中西书院，后来改名为东吴大学，其原来校址就改建为中西中学，后来又改名为东吴大学第二中学。我在那里读了五年书毕业。东吴二中几年的学习生活，使我获得了良好的英语基础，这所中学很多课程都使用英语课本，由外籍教师教学。我苦学了几年，英语大有长进，这对我后来采访外交新闻很有帮助。东吴二中毕业以后，我是全班同学中学习成绩最好的一个，可以免费进入东吴大学或

顾执中保存的部分记者证

上海的东吴法学院学习，但为了挑起家庭的生活重担，我只好放弃升学的念头。从1919年起，我就跨进社会，为衣食奔波，当过店员、描图员，到母校代课。1920年至1921年间，我在基督教慕义堂任理事，后来获得一个机会到工部局外国监牢教外国人说上海话。以后又调到工部局所属救火会、水上巡捕房去教外国人说华语。这样我就比较多地接触到外国人，英语说得更好。工作提高了我的英语水平，我可以看懂英语报纸、杂志，甚至开始为英文月刊写稿。但最后我却进入报馆当了新闻记者一直干了32年，成为我的终身职业。

在上海市区比较热闹的地方有一条路叫山东路，这条路中间从九江路到福州路的一段叫望平街，从福州路再往南叫麦家圈。那时上海的所有报馆几乎都集中在望平街上，从北到南，隔开几步，就可以看见一家报馆。在最北端的是《民国日报》，在汉口路山东路拐角或其附近的有《申报》和《新闻报》，再往南有《时事新报》。在望平街上各据一隅、望楹相对者有《时报》和《商报》。这种报馆集中的情况跟伦敦的报纸多集中在舰队街的情况相仿佛。

为什么上海的报馆多集中在一处呢？这无疑是为了便于发行的关系。原来上海的报纸都没有自己的发行组织与发行网，每天早上5时左右报纸印出后，即批发给报贩。按月看报的读者向报贩订报，零星看报的读者也向报贩买报。为了及早使报纸到达读者手中，报贩早上的时间十分紧张。这样，报馆集中在一处，就可以帮助他们在最短的时间和距离内取得各种报纸，并以最迅捷的行动分送和贩卖早上新出版的报纸了。由于这种原因，新开办的报馆，除非自己有发行力量可以设在别处外，都得设立在这里。否则，设在离望平街稍远之地，报贩便不给它推销报纸，这家报馆就不能存在。这种情况直到七七抗战之后，才稍有改变。

我最初在《时报》当记者，后来一直在《新闻报》工作。下面就谈谈我历年采访中的重要事件以及报海生活中的其他事情。

五卅惨案

1925年，在五卅惨案发生以前，我已当了一年多的新闻记者。那时我的任务偏重于采访社会新闻。

1925年五卅惨案发生前夕，上海的日本纱厂早已把中国男女工人当作亡国奴看待，待遇非常刻薄。车间中的日本工头往往无故毒打中国工人，引起工人罢工。1925年5月15日，上海西区日商内外棉厂的日本工头竟疯狂地开枪，十余工人受伤。顾正红受重伤，医治无效，17日身亡。消息传出，群众非常愤慨。那时上海西区有不少新设立的规模小、设备差、没有自己的校舍，只凭租赁几幢旧洋房上课的私立大学，如上海大学、文治大学等。这些学校办得很有成绩，但是一些洋奴味十足的上海人，称呼那些帝国主义所办的、有洋房大厦的学校如圣约翰大学、东吴大学等为正规学校，却称上述这些大学为“野鸡”学校。就是这些“野鸡”学校的学生，虽然生活相当困难，但对受苦的工人却异常同情。他们的校址距离顾正红烈士工作的日本纱厂近，消息灵通，于是他们就毫无顾虑地行动起来，用实际力量支持被日本帝国主义欺侮压迫的工人。他们成群结队在上海西区向行人演讲宣传，并举行募捐，支持和救济因罢工而生活陷于困难的工人同胞们。相反地，那些“正规”学校的大学生只埋头读书，对革命斗争无动于衷。

这时，英帝国主义者助纣为虐，派出大批武装探捕，任意殴打与拘捕在沪西一带进行宣传和捐款的学生。广大群众决定予以反击，在5月30日下午，把反帝斗争从人烟相对比较少的沪西区推进到上海公共租界最热闹的中心，即南京路、浙江路交叉点，永安公司与先施公司高高对峙的南京路一带。

记得那一天是星期六。照例星期六下午学校不上课。选择这一天游行示威，可以使更多的工人、学生和市民参加到斗争行列中来。这一地区属于老闸捕房管辖。那时老闸捕房有两个大门，一个是后门，在贵州路上，另一个是前门，在南京路上先施、永安两公司之西，距两公司只有很短的路。五卅以后，英帝国主义者害怕群众运动，把捕房位于南京路的大门堵塞了。因为南京路上人最多，一发生事故，人群像潮水般地拥入捕房，帝国主义者即便使用武力，也难抵抗，没有办法，只好堵住这个门，只留贵州路的一个门。那时，永安公司西侧有一个现在已不存在的建筑物。这个建筑物的上层，就是工部局的市政厅，所有工部局的董事会、纳税人会等都在这里举行。建筑物下层的后部，是鱼肉菜蔬市场。当时上海人都称这建筑物为“铁房子小菜场”。五卅后，工部局把这个铁房子小菜场出卖给商人，拆去后建为新雅酒楼等企业。

5月30日下午1时左右，工人学生群众分批来到南京路老闸捕房门前附近，向市民演讲宣传。聚而听者，愈来愈多。这时公共租界所有的捕房，特别是老闸捕房，早就做好了准备，西捕持手枪，印捕、华捕各负步枪，中西便衣侦探也暗藏武器，分头密布在这一段南京路上。老闸捕房南京路上的大门警备更为森严，门首不但有大批荷枪实弹的巡捕，成列成行地排在门的左右两侧，而且还有从救火会调来的皮带车。这是预备一开枪，群众的鲜血流出来后，立刻用它来冲洗地上的血迹，以消灭其犯罪的痕迹。

像野兽般的英帝国主义者及其走狗，最初对群众乱挥警棍，企图把他们驱散。勇敢的游行者早已把死生置之度外，在这一段最热闹的南京路上，有的人依然站立在高处，大声向群众演讲。一时人如潮涌。英帝国主义者下令抓人，被抓的人都被巡捕或侦探们拖到老闸捕房，拳打脚踢，拘留起来。群众怒不可遏，最后，当探捕们又抓了一批人要押进南京路的老闸捕房时，群众一涌上前，向探捕们严厉地提出抗议。有些人紧紧跟随在探捕和被抓人的后面，愤怒地要进入捕房，责问巡捕乱抓人、乱打人的理由。不料在大门口负责指挥武装巡捕的英捕哀活生，见群众走近大门口，突然下令开枪。一时子弹横飞，向手无寸铁的中国人射来，群众被迫后退，南京路上即铁房子小菜场的前面顿时洒满殷红的鲜血，死伤者躺在血泊中比比皆是。当场被英国士兵枪杀身死的工人、学生、市民等共13人，身受重伤的15人，被捕的50余人。肇事后，英国士兵立即把死者重伤者拉走，并使用在事前准备好的救火会皮带车，把马路上的碧血冲洗干净。到了5

点钟左右，路上已见不到血迹，可是五卅烈士们的热血散发的气味，在那里却淹滞不散接连多天，上海市民前往流泪凭吊的络绎不绝。全上海全中国立即掀起了波澜壮阔震惊全世界的反帝浪潮。

5月31日下午，上海市民在市商会举行大会，抗议帝国主义暴行。市商会的四周，如北苏州路的大门、北河南路的侧门等，都属于公共租界范围，但市商会本身这一片小小的土地却属于中国地界。所以我们在那里举行大会，帝国主义者不能强行干涉，他们只派了些暗探，鬼鬼祟祟地混入人群中偷探消息。不到1点钟，参加大会的群众已像潮水般涌入市商会大礼堂，大家情绪激昂，十分拥挤。开会后，烈士家属纷纷登台，痛哭失声地向群众控诉英帝国主义者的滔天罪行，要求大家为他们报仇。这时，一片“打倒帝国主义”的口号声，像轰雷般地响起来。这个会是由中国共产党发动主持的，由于不公开，我们不可能知道刘少奇、瞿秋白等同志在里面秘密领导。在那天的大会上，我们只看见台上有一位瘦长的、操着纯浦东口音的、名叫林钧的青年在主持会议。林钧的声音特别洪亮。那时开会没有扩音器，他的响亮的声音和为工人、市民容易听懂的浦东话音，使大会进行得极为顺利。从这天以后，全上海的大小工厂，大中小学校，大大小小的商店，举行了规模较为浩大的大罢工、大罢课和大罢市，这都是这次大会定下来的。罢工、罢课、罢市持续进行了近两个月之久，使帝国主义在经济上大受损失，在政治上也威信扫地。英帝国主义者吓得胆战心惊。数年后，有一个名叫伊登的英籍三道头巡捕，在四川路桥遇到一个日本水兵殴打中国人时，他不敢再袒护日本水兵，硬着头皮把那个日本水兵抓到捕房去，引起了日本陆战队的愤怒，就派兵包围捕房与工部局，最后英国向日本道歉了事。

五卅惨案后，我对英国人的情感发生了变化。我再也没有兴趣到捕房和救火会等处去采访消息。我的新闻采访工作，也逐渐由社会新闻转变到其他方面。

五卅惨案后第二年，即1926年春，帝国主义者企图愚弄中国人民，派了一个所谓“司法调查团”来到上海，对时隔近一年的五卅惨案进行所谓“调查”。调查团的委员长是美国法官约翰逊，他一到上海，就住进上海最豪华的西式旅社——大华饭店。他年约六十多岁，身材微胖，有些道貌岸然的样子。他不拒绝接见新闻记者，一见了我，就口口声声地说要主持公道。他选了个日子，在惨案发生地附近的铁房子小菜场的上层，即工部局市政厅，公开传集惨案肇事负责人等进行审讯。当时美帝国主义的伪善面貌还没有完全被人识破，所以这一出“司法调查”的戏，尚能引起一部分人的注意。

约翰逊等在市政厅设下了公座，邀请了有限的列席听询人员，面积不大的市政厅会场稀稀落落地坐了些人，也有报社代表，每一报社只准派一个记者参加。讯问整天进行，从上午9时至12时，下午2时至5时，传讯肇事负责人员如巡长麦高云、指挥开枪的英捕哀活生、几个印捕、华捕以及被难家属和证人。讯问了好几天。我每天代表《时报》去采访，遇到英国人上堂供述时，则用英文速记记录。下午五六时回到报社，就动手把英文速记稿译成中文，每写好二三张，由编辑人员加工发排。这样手不停挥地直到半夜一二点钟才写完，所写字数每次五六千到一万左右。稿太长，连吃夜饭的时间也没有，请人家代买一碗面，一面写，一面吃。到下半夜二三点钟才回家休息。

司法调查的结果不久就发表了，对英国凶手只是免职了事，对死难家属只是给钱作为抚恤。这样的血海深仇，如此了事，中国人民岂能甘心呢？反帝斗争决不因帝国主义者扮演了这一出丑剧而停止。因此，1926年的5月30日，上海市民又轰轰烈烈地起来纪念五卅运动。英帝国主义者素来不准游行示威，更不准游行示威队伍经过南京路和浙江路一带。尽管这样，纪念五卅惨案的浩浩荡荡的游行示威队伍，照样高擎旗帜标语，高呼口号，威武地通过了南京路浙江路口。中国人民在中国共产党的领导下胜利地举行了1926年对五卅惨案的纪念。

谢福生虎口逃生

我这里说的是上海新闻界中一个怪人物的故事。他生得又瘦又小，背稍驼，外貌不扬。但他的英文、法文却极好，无论英译中或中译英的口头翻译，他都可以临时随口流利地译出来。他往往在旅馆中开着房间，独自一人写文章，文章的稿费恰巧够付房租。他经济窘困，衣衫褴褛。这个人就是谢福生。

谢并没有受过高等教育，他的外文完全是由自己苦修学会的。起初他在上海办英文杂志，后来他独自一人办了一张英文报，中文名字叫《中国公论报》，英文名字叫《China Couier》，报社地点在四川路桥南堍的香港路。当时上海的中文报纸在军阀与帝国主义者双重压迫下，噤若寒蝉，外文报纸差不多都是帝国主义者所办，自然是反动势力的喉舌。但英文的《中国公论报》独能放胆来捋军阀的虎须，它的社论都写得很好。谢身虽小而胆实大。将近1926年底，中国的革命战争节节胜利，军阀们节节失败。谢把这些消息不但在其报纸上发布，而且把一张军阀孙传芳的照片，排印在新闻之中。照片之下用注目的黑体字标着“The Setting Sun”，讽刺得有趣味而又音义双关。“孙”字之音，其义在英文为“太阳”，他以落日来烘托“正在倒下去的孙传芳”，真是有趣。这个标题，果然刺痛了孙传芳。孙于盛怒之下，派人把谢从租界抓到龙华，要把谢砍头泄愤。

上海新闻界得悉谢被军阀逮捕的消息，极为震动。大家知道如果营救稍迟一步，谢的生命就难以保全。因此立即集合了几个在新闻界有显著地位的人，坐着汽车，驰往龙华见孙传芳，要求孙释放谢，并担保谢今后不会再有这种举动。因为行动迅捷，总算把谢从死神的手中救了出来。否则，只要隔一夜，谢福生就要成为北京《京报》邵飘萍那样的人了。

四一二事变前后

1927年3月22日的工人起义，一举击溃了孙传芳所部，完全占领了上海。这时，白崇禧乘机先进上海，不久蒋介石也来了。那时大家因为蒋是国民革命军的领导，对于他的到来，都很重视。

帝国主义者对蒋来到上海，也极度关心。日本帝国主义海军陆战队、英法的陆军以及公共租界工部局的商团都动员起来，荷枪实弹，如临大敌。黄浦江中帝国主义舰只如林，它们褪去了炮衣，准备随时轰射上海市民。因为汉口的英租界已于1月3日在刘少奇同志领导下，由广大群众占领，帝国主义者的军队露骨地准备着，如革命军冲进上海租界，就决定屠杀中国人民。当时上海市民以为蒋到来一定可以收回租界，把貌似强大的帝国主义分子赶出去。上海人既高兴又紧张，都睁大两眼，注视着蒋介石的行动。

那时我已到《新闻报》工作，虽不跑巡捕房、救火会，但还不时到工部局刑事科去看看，一则看它所发表的消息，二则在暗中观察它的谍报人员活动情况。3月26日下午2时半，我离家外出，先到工部局刑事科。我一踏进该科的招待室，就有人告知我蒋介石已于本日到达上海，所有该科的中西重要人员都已外出。我急回《新闻报》，《新闻报》采访科的新闻记者也都行走一空，他们比我先到报馆，先得知蒋介石到达上海的消息，特别是负责采访政治新闻的蒋剑侯、杭石君都已乘汽车出发活动。我也雇了一辆出租汽车，追踪前往。我先到枫林桥的外交部办事处，把名片递给警卫人员，要求见蒋介石。他们说蒋总司令确已到上海，但不在这里，而在龙华。我信以为真，立即命汽车风驰电掣般地开往龙华。那里的警卫人员告诉我说，蒋总司令不是在龙华，是在枫林桥。于是我再回枫林桥，又向警卫人员提出请求，他们又用原来的话来欺骗我。我就老实告诉他们，我刚从龙华回来，肯定蒋是在这里，请他们把我的名片传递进去。他们知已不能再搪塞我，也就坦白地告诉我说，总司令确在里面，不过他通知我们不接见新闻记者。我再三请求，要他们把我的名片拿进去，给蒋看一下，如不接见，也就算了。他们无奈，有一个人拿我的名片到里面去转一下，一会儿出来答复我说，总司令不见。我正在为难之际，忽然有个日本记者来了。我心想蒋是日本留学生，不会得罪日本人，极可能接见这个日本记者。如能把我的名片和日本记者的名片一起拿进去给蒋看，蒋会以为我是日本记者的朋友，就可能同时接见日本记者和我。于是，我对警卫人员说，总司令十分尊重外国记者，一定会接见的。请把我们二人的名片同时拿进去给蒋看。警卫人员的负责人不再拒绝，真的把我们二人的名片拿进去交给蒋。果然不到5分钟，里面有人出来说总司令有请。

这样，我跟那个日本记者（忘其名，也忘其报社）就从大门左侧的警卫队门口，经过一大片空地，进入那座正式的洋楼。登阶进门，看见楼下的会客室中，已经有大群新闻记者鸦雀无声地枯坐在那儿。所有《申报》《新闻报》《时报》《时事新报》的记者已先我到达，但我和日本记者竟得先行上楼，为蒋所接见。这一局面，连我自己也想不到。

我们一上楼，刚走到走廊的窗口，蒋就出来见我们。他并不请我们进入室内坐下谈，而只是站在室外近窗口处谈了一下，极为匆促，可以看出他正在里面举行着一个极为秘密而重要的会议，只是不得已出来敷衍我们一下。我一见蒋，不讲寒暄，也没有时间跟他作由浅而深的谈话，就单刀直入地提出些很露骨的问题。我率直问他对上海租界的态度是什么？租界应该不应该收回？如果帝国主义者竟敢动武，我们中国的态度应该怎样？他被我问得无言可答，每提一个问题，只答声“嗯”或“嗯、嗯”。我以为“嗯”也是很好的答复，也是在明显地表示他的态度，我就把这种“嗯”的答复在报上发表出来。我在那天晚上回家时想，作为一个革命的领导人、军事上的总司令，态度竟如此暧昧，实使我疑窦丛生。在我的脑海中预感着一种不祥的事情要发生。

我和蒋谈话后，立即下楼。时华灯初上，已经到了傍晚六七点钟。我离开洋楼时，楼下一大群同业，犹在耐心地等着蒋介石的接见。他们直等到10时以后，才由蒋出来集体接见，所谈都是一些敷衍的辞句，处处显露出躲闪的态度。

从这一次以后，我几次采访蒋介石，每当我提出的问题他难以答复时，总是以“嗯、嗯”之音来回答。他以为可以用此掩盖其态度，相反地，却是相当明显地暴露了他的态度，所谓欲盖弥彰者，这就是一个实例。

以蒋介石为首的国民党势力到达上海以后，我细细留心他们对《新闻报》的态度，发现他们对《新闻报》不满。《新闻报》社址虽在租界，有租界的“保护”，也有那美国老板的“保护”，不怕封门，但也不能安心。因此它也不免诚惶诚恐，小心翼翼地来奉承蒋介石。

当时负责对上海宣传工作的是白崇禧的东路前敌总指挥部政治部。政治部主任是陈群，宣传科科长是赵石龙，而在宣传科中一个最活跃的成员是李公朴。蒋既到上海，这个政治部就动员上海市民在南市的体育场举行欢迎蒋总司令大会，并在开会的那一天，在上海的各报上，以全版的篇幅刊登欢迎的广告，其中“欢迎蒋总司令”几个大字，规定要用特大号的铅字排印。

出人意料的是，刊登在《新闻报》上的广告，赫然在目的不是“欢迎蒋总司令”，而是“欢迎奖总司令”。这一字之错，引起了政治部和警备司令部的大怒。《新闻报》馆也吓得魂不附体，立即派员携带证据前往政治部和警备司令部，说明原委并道歉。据调查，原稿上写的是“蒋总司令”，排字时也排“蒋总司令”。校对校得也对，但排字工人把业已排好的版面，从四层楼的排字房经电梯送到下层时，突然电梯一震，把版面厂的一个大铅字震得跳了出来，而且跳得不见了。那时已近天明，排字房和编辑部的人都已休息。这个工友查得跳失的那个字是“蒋”字，就再返四层楼，自恃技熟，电灯也不开，从字架上摸了一个自以为是“蒋”的铅字，然后赶到下层，把这个字嵌进版面去。他想不到在暗中摸得的是“奖”字而不是“蒋”字，所补嵌在版中的也是“奖”字。这当然是个错误。如果蒋介石真是革命派的话，那么只要《新闻报》刊出道歉声明，可以对这个工作马虎的工友予以教育，也就够了。但蒋介石对这件事情的处理，显得跟旧军阀差不多。这个工友被抓进警备司令部，不经审判，监禁了很久，吃尽苦头，如不托人说情，很可能丧失生命。所幸他误摸的铅字是“奖”字，万一误摸得“浆”字，误排为“浆总司令”，那么这个工友的生命肯定难保了。

蒋介石来到上海以后，我亲眼看见了他的躲躲闪闪的态度，也在编辑部中听见了蒋到上海以后跟吴稚晖等开会时，流露出对革命不满的意思。谁能想到他在刚到上海不满二十天的时间内，就会对中国共产党干出那种比北洋军阀还要残酷的4月12日的反革命叛变呢？

我自然也想不到蒋介石能下这样的毒手。当时望平街一家孙传芳的机关报《新申报》被国民党接收，另行出版。我所熟悉的两个属于共产党方面的同志要我从《新闻报》分出些时间来帮助他们搞些编辑工作。我就在每晚10点钟以后到他们的报社里编些本市新闻。因人手不多，有时别人不到，我也代为编辑发稿。这样，约过了两个星期。4月11日晚上，我从《新闻报》馆出来，像往常一样地步行到那家报馆去帮忙。我走进编辑部，编辑部中寂无一人。我没有理会这种情形，坐下来编发稿件。11时到了，还是我一个人。工友们把电信、外地通信和一切稿件都交给我编，我也不辞，手挥笔舞，把全部稿件编发完毕，还是只有我一个人。我还没有注意到这种反常情形。等到大样看完，签发付印，事毕回家时，在二层楼的全编辑部中，仍只有我一个人。我以为他们是在参加什么会议，因此无法来工作，万万没想到那天晚上竟有出人意料的大事情发生。

4月12日早上，我在家中略睡了一会，便又起来，雇了汽车出发采访消息。当汽车由北河南路进抵闸北宝山路口时，一切景象完全跟往日不同，交通全行断绝，大路上没有一个行人，军警荷枪实弹，阻止汽车前进。我下车，在路旁弄口低声向别人询问发生了什么事，这才得知工人纠察队已在当夜12时后被蒋介石的军队袭击，并被缴了械。闸北境内尸横遍地，到处正在流着革命工人的鲜血。我知道出了大乱子，赶忙回《新闻报》馆跟大家讨论对这一非常事变的采访办法。喘息甫定，不禁想起我去帮忙的那一家报社当晚没有一个编辑人员上班，可能他们在事前已经得到一些风声，因而转入地下了。当时，我有些担忧，会不会有人告发我。我在该报帮忙的时间很短，我又未在外声张，知道者也不多，估计尚不致有什么麻烦。

事后，我们知道蒋介石四一二背叛革命，是经过极周密的布置的。蒋是一心一意地要走向投降帝国主义者的反革命道路。为要取信于帝国主义，非在上海屠杀中国共产党和人民不可，人杀得愈多，血流得愈多，就愈能使帝国主义者痛快，对他更加信任。后来，租界上的外国军队很快撤离，军舰大部分开走，工部局取消戒严，这都是帝国主义者对蒋介石信任的表现。最初我不明白蒋介石、白崇禧等对新闻记者毫无顾忌地讲出杀共产党人的数字有什么意义，后来才明白这是利用我们向帝国主义者报功。

蒋固是“四一二”叛变革命和屠杀工人的元凶首恶，但在“四一二”屠杀中国人民最多的要算是黄金荣、杜月笙、张啸林三个流氓头子所组织的“中华共进会”帮会。黄金荣是法租界巡捕房的侦探长，广招流氓拜他为老头子，成为上海红帮的首领。杜月笙、张啸林是青帮的首领，手下也有众多的流氓徒弟。这帮人都是上海的地头蛇，对上海情形连一草一木都熟悉，蒋介石如没有他们的参加，绝不可能把工人和进步人士在短短的几天内杀害这么多。本来每当中国政治上有反常的变动时，租界是革命者转入地下活动极好的场所。可是这一次在租界中的帝国主义分子，出动他们平时豢养的一大群中国流氓，把中国人一批一批从租界中拉出去，交给蒋介石杀死。这时在上海掌握着杀人大权的，文的是陈群，武的是杨虎（淞沪警备司令）。“四一二”时一抓到人，要杀便杀，从不要经过什么讯问。他们二人是人所共知的杀人魔王，大家把杨虎、陈群接连地念成“养虎成群”。这也就足以说明那时上海变成了什么样的可怕的世界了。

“四一二”是以蒋介石为首的国民党跟代表帝国主义者的洋行买办资产阶级和代表封建残余恶势力的流氓集团合伙干的一件罪恶滔天的反革命行动。

“四一二”以后，我们常到枫林桥陈群所在地采访消息。我亲耳听见陈群和他下面的人毫无顾忌地对人说，他们差不多每夜要杀许多人，杀人不用枪，用刀砍头。有好几夜，他们在刑场上，先把要杀的人一个一个当面杀给尚未杀的人看，然后再去杀那批尚未杀的人。据他们说，这样做可以使共产党多受些精神上的痛苦。他们是历史上最残酷的凶手，他们却不知道共产党人是不怕死的。

那时，不明原因就被杀的人也很多。有一天杨虎坐着汽车到爱多亚路（现延安东路）的一家大饭店参加宴会，汽车停在路中央。不知道为什么，杨虎的司机跟另一个司机争闹而打起架来，杨虎的司机就诬称那一个司机是共产党，把他押上汽车，不容分辩地解往龙华司令部杀害。也有一个青年偶往一家印刷所探望朋友，被特务认做共产党抓去杀死。老百姓对这种无法无天的行为十分愤慨，纷纷反对。这种普遍的谴责之声，传到蒋介石耳内，他还恶狠狠地说："宁可枉杀千人，不可走漏一个。"这句话的来源就是如此。

这时浦东的闵刚侯家中有二人被捕，闵父请我帮忙向陈群求情。我不愿去看陈，只写了一封信给陈，说明冤枉，请予释放。几天以后，闵刚侯对我讲此二人已被开释。我的信居然有效，闵父深为感激。此外还有《新闻报》编辑潘竞民的外甥吴中一，也被国民党反动派从常州抓住押解到上海。潘恳求我和蒋剑侯、杭石君等向陈说情，也幸免于死。

"四一二"以后，国民党反动派大失人心。我到南京采访消息时，南京的新闻记者把国民党的党歌改为"杀民主义，狐党所宗，以害民国，以碍大同，咨尔屠士，为民蠹虫，日夜偷懒，恶意是从，无勤无勇，不信不忠，离心离德，有始无终"。我和《新闻报》驻南京记者俞树立等唱起来时，尚觉音调铿锵，不觉哈哈大笑。（国民党的党歌原词为：三民主义，吾党所宗，以建民国，以进大同，咨尔多士，为民前锋，夙夜匪懈，主义是从，矢勤矢勇，必信必忠，一心一德，贯彻始终。）不过，我们二三个人只能低声偷偷地唱，万一不慎，被特务听见，我们也难免身首异处。

正当国民党反动派得意于发动“四一二”政变时，其自身灭亡的种子也在这时暗中发芽滋长。革命者濒死而复生，国民党反动派却由此而走向死亡之路。

对日经济绝交大同盟

虽然蒋介石已公开背叛革命，但日本帝国主义者对蒋还不很放心，还不愿意让蒋取代北方军阀。那时孙传芳已逃到江北，离开徐州，日本帝国主义看见其亲手豢养起来的北洋军阀濒临绝境，遂出兵山东，企图挽救北洋军阀的灭亡。在这种形势下，中国人民对日本帝国主义者的态度，跟蒋介石是截然不同的。蒋介石死也不敢得罪日本帝国主义，在江北停兵不敢前进；而中国人民则又在上海等地发起规模浩大的“对日经济绝交大同盟”，反对日本出兵山东。

这次的对日经济绝交运动，以上海市商会为代表的资产阶级（虽然大同盟在市商会办公）和蒋介石方面的重要成员，都没有参加。执行委员会中人数较多而又工作得相当活跃的为马路商界联合会中的成员（如邬志豪等）。各马路商界联合会由店员群众和一部分店主组成，跟市商会由大工厂主、大银行老板结合而成的情况不同。市商会往往看不起马路商界联合会，认为它是“野鸡”，但马路商界联合会无论对五卅惨案还是在其他事情上，处处表现出它有战斗力。

我以新闻记者的身份，参加了这个抗日活动。被选为对日经济绝交大同盟的执行委员、常务委员与宣传部部长。我还邀闵刚侯等人参加宣传工作。在报纸中，我特别运用《新闻报》作为抗日宣传的工具。

不久，在日本总领事署干间谍工作的日本人池田安藏约我在咖啡店见面，提出要我辞去抗日的工作。池田说："顾先生跟日本人有很好的友谊，现在顾先生参加了对日经济绝交大同盟，有些妨碍和日本人的友谊，希望顾先生能辞去该同盟的常务委员和宣传部长等职。"我答道："完全可以，但不知老兄可否通知日本政府停止出兵中国？"池田笑道："那怎么能办得到？"我也笑道："那么，我的辞职又怎能办得到呢？"我们的谈话不欢而散。

对日经济绝交大同盟雷厉风行地采取了对日经济绝交的行动，组织了数以百计的调查组到南市和闸北等地严密地调查和监视奸商的活动，到后来甚至进一步把奸商等所进的大批日货扣封起来。在短时间内，把奸商们搞得胆战心惊，日本帝国主义者在中国的经济剥削活动陷于瘫痪。

然而，最后令人痛心的结果是同盟被国民党反动派强行解散了。那时我们在大同盟中搞抵制日货的一群人，政治认识是很模糊的，政治斗争也是幼稚的，我们以为蒋介石虽然反对共产党，总不至连一般性的爱国行动也反对吧！谁料到当我们蜂起搞对日经济绝交运动时，在暗中想尽一切方法来反对我们的，不但外有日本帝国主义，内有中国的奸商，还有蒋总司令。在这个当时震动全上海的大组织中，国民党反动派自始至终没有一个比较有地位有实权的人来参加和领导这个组织。事后细细回味，在运动开始时，国民党反动派就十分明显地表示着它是反对这一爱国运动的。可惜我们当时为狂热的爱国心所驱使，完全看不清这个昭然若揭的事实。

表面上写字作画诵经念佛，实际是多年来为日本大垄断资本家三井、三菱服务的白龙山人王一亭，他亲眼看见这一波浪浩瀚的对日经济绝交运动重重地打击着他的日本主子。他就向蒋介石哭诉，说有一个姓尹的身穿军服的调查员向他要钱。蒋介石立即下令将尹抓住，不经审讯，即予枪决，并通知国民党上海市党部，令对日经济绝交大同盟自行解散。

那个姓尹的原是蒋手下的一只小走狗，大同盟的调查委员会知道他跟军队有些关系，以为请他来参加调查工作，可能在对付奸商方面方便些。不料蒋竟狠毒地把这只走狗杀了，使所有对日经济绝交的调查员胆战心惊，不敢再触及大奸商的一根毛发。大同盟即使不自行解散，也无法执行其任务。从这一历史事实可以断定，蒋的对日不抵抗政策，并不是从九一八开始的。

蒋宋结婚

1927年下半年的一天下午，我偶阅英文《字林西报》，忽然看到一条蒋介石和宋美龄订婚的启事，真是出人意外。这是一件能引起全国注意的消息，它的意义不只限于社会新闻范围。因此，我驱车往西摩路宋宅去看宋美龄。

那时宋美龄年轻，和我是在教会中熟悉的。所以我一到宋宅，她就出来见我。我先向她道贺，随即问她跟蒋介石订婚的经过。她说，当她在广州时，蒋已苦苦地追求她；最近她到日本，蒋又赶到日本，要求跟她结婚。宋说："蒋跟母亲商量过，母亲同意我嫁给他，不过我们要求他跟原来的妻子毛氏离婚，和别的女人断绝关系，然后才结婚。蒋一口答应下来，所以昨天才在家中举行了很简单的订婚仪式。"她讲完后，宋老太太也出来，对我介石长、介石短地说了一些话，内容跟宋美龄所谈基本相同。临行，我向宋美龄要了一张她最近所摄的照片。我到报馆后，就写了这一消息，并在消息的后面刊登了蒋、宋的照片。消息发表后，我发现此消息为《新闻报》所独有。报纸一出，读者争购，上午八九时报纸已被购买一空，报贩多次请求添印。这天的《新闻报》，销数增加了好几万份。

不久，蒋又登广告，声明跟以前的女人脱离关系。他为什么要和宋美龄结婚呢？我看不外有两个明显的意图。第一，他跟宋美龄结婚，立刻和孙中山先生成为襟娅之亲。那时中山先生已逝世，这样做可以提高他在国民党里的地位。第二，他到上海后，由于觉察到日本不会改变支持北洋军阀的既定方针，他在徘徊中决定选择亲美的道路。恰巧宋美龄长居美国，可以帮他同美国联系。他跟宋美龄结婚，从性质上说，可以说纯属政治性的。

过了些时候，大约1927年秋，蒋宋宣布定期在沪西大华饭店举行结婚典礼。那时大华饭店是上海最豪华奢侈的饭店。蒋介石虽非基督教徒，但宋家世代都是虔诚的基督教徒，所以坚决主张采用宗教仪式举行婚礼，蒋唯命是听。宋家既是景林堂的教友，那时景林堂的牧师是江长川，照习惯，应该由江牧师主持婚礼。同时，宋美龄和她的母亲平时对江牧师极为敬佩，她们也恳盼江牧师来主持这一轰动上海的婚礼。从一般情形论，宋家有钱，蒋家有势，平素江牧师跟宋家的关系又不坏，每当教会中发起捐钱，只要江牧师一开口，宋家无不慷慨应命。因此要江牧师来主持蒋宋婚礼，应该是没有问题的。然而出人意外的是江牧师斩钉截铁地一口拒绝了。他说，蒋介石的离婚是片面的，没有法律根据，手续尚未办清，根据教会精神，他不能为蒋宋主持婚礼。虽经宋美龄和宋母再三向江说明，请求江来主持婚礼，江坚持如故。据周梅村先生告诉我，宋美龄对此极为伤心，不过教友们对于江的严正不苟极为心折。

宋家不得已而求其次，请基督教青年协会总干事余日章来主持蒋宋婚礼。所以蒋宋结婚虽名为宗教仪式，却不是牧师主持的。

结婚那一天，由于上海各报的连日宣传，自然热闹非凡。有的新闻记者（我是其中之一）连在婚礼举行时，蒋、宋双方谁先鞠躬，鞠躬的度数谁大，等等，都用心地看得清清楚楚并写得清清楚楚，今天回想起来，真是无聊。

大约在婚后第二年，宋美龄又向江长川牧师提出请求为蒋介石施行洗礼。按一般习惯，任何人的受洗进教，必须在教堂大众礼拜时公开举行。牧师要在大众面前询问受洗者是不是愿改恶从善、痛改前非，是不是愿接受基督教的信仰等，等到对方一一答应以后，牧师才用水浸的手按在其头发上，进行洗礼仪式，随即向大众说明受洗者的简况和对圣经的学习情况、悔罪的程度，然后公开承认其为教友，请大家予以帮助。可是对蒋介石的受洗进教并不是在教堂中公开进行，却是偷偷摸摸地在江牧师的家里进行的。江牧师从未在教堂讲经时向大家报告过这一情况，也从未对任何人在谈话时谈起这一事情。蒋介石也从未到教堂去做过礼拜。他进基督教，主要目的不过是使美国对他更为信任而已。

国民党四中全会

1927年秋，国民党在上海租界召开二届四中全会的预备会议，开了好几天，以内部意见分歧停顿下来。1927年末又在南京召开预备会议，准备预备会议开完后，就正式举行四中全会。

上海各报馆对这个会议极为重视，除南京当地原有记者外，各报馆都派特派记者前往采访。《申报》派了金华亭，《时报》派了金雄白，《时事新报》派了叶如音，《新闻报》派了我，彼此在采访消息上，又展开了剧烈的竞争。

那时南京虽然已是国民党政府的首都，但市街狭小，设备窳陋，白天自来水不清，入夜电灯不明。全市找不到一家设备比较好的大旅馆。招待国民党中央委员的成贤街成贤旅馆房间虽多，但建筑陈旧不堪，每一房间的面积小得像鸽笼，还不及上海八仙桥的小旅馆。全城比较热闹的地方还是夫子庙地区，那里有戏院、茶楼，有几家规模较大的饭店。

《新闻报》南京采访科设在夫子庙地区的姚家巷，一楼一底，楼

1927年秋，何香凝自广东抵上海时，顾执中在渡轮上向何采访消息时所摄。

上是办公室和用板隔起来的卧室。我初到的时候，南京采访科还没有一个外勤记者，住在南京采访科为《新闻报》兼搞些新闻工作的是杨千里。杨曾任无锡县知事，能文章，治金石，字也写得好。杨以外，只有一个跟上海通长途电话的青年与一个工友。不久曹天纵、俞树立、廖寿昌相继来担任新闻采访工作，南京的采访科便热闹起来。

国民党中央委员的成分是相当复杂的，其中如张继、谢持、邹鲁、覃振等是西山会议派；吴稚晖、李石曾是无政府主义派；陈果夫、陈立夫以及后来的张道藩、潘公展、方治等是C.C.系；孙科、伍朝枢，宋子文、孔祥熙、王正廷以及后来的宋美龄等为亲美、亲英分子；还有多愁善病满口孔孟而本质极为反动的亲日分子戴季陶；以饮酒自遣的叶楚伧；好吃鱼翅海参的谭延闿；半身不遂坐在椅上由人抬进抬出的张静江；比较进步敢于跟蒋介石抗衡的则有粤方委员何香凝、陈树人、经亨颐、郭春涛、丁超五、王法勤、王乐平等。所谓粤方委员并不一定都是广东籍，如经亨颐是浙江人，丁超五是福建人，他们在思想上和主张上与粤方委员接近。还有些徘徊其间者为蔡元培、邵力子、于右任等。至于曾任军职的中央委员如李烈钧、柏烈武、李济深等，除李烈钧外，我没有接触，所以知道得少。

无论预备会议或正式会议，国民党都是关起门来举行，不邀请新闻记者参加。但新闻又非采访不可，于是新闻记者只好在开会时等在门外，看看谁来参加，谁缺席；等到散会后，大家分头去找比较熟稔的委员，探问一下当天开会的内容和讨论情况。我们就根据这样获得的消息，拍电报或用长途电话报告给上海。

这些国民党中央委员对待新闻记者的态度各有不同。有的一言不发，甚至索性拒之门外，不予接见，像何应钦、宋子文等就是，我对这一种人，就放弃采访，以免浪费时间；有的是笑里藏刀，别有用意，企图利用新闻记者做他们进行政治活动的工具，如陈果夫、陈立夫等就是，我对这一种人小心谨慎，分析其内容，以抉择取舍；有的是天生的好人，看见新闻记者不但讲话随便，就连皮包里的秘密文件也拿出来给我看，像蔡元培、李烈钧等，我对他们自然衷心感激，但发表稿件时不能没有分寸，防止发生问题时连累他们；有的人是讲话讲不清楚，听了使人莫名其妙，像谭延闿等；有的人跟我们原是同业，彼此很熟，反而要避嫌疑，以免发生问题时连累他们，像叶楚伧、于右任、邵力子先生等，我也并不常去看他们。对于我来说，我最喜欢去看郭春涛先生，他记忆力强，分析问题清楚。他的一席话，实际上就等于一篇很精彩的会议记录。我每次把与郭春涛先生所讲的话作为基础，然后再加以补充整理，写成一篇完整的新闻稿。发表以后，不但第三者以为这种新闻是由我们目击而写成的，就是国民党本身也疑神疑鬼地以为真的有人出“后门”，把新闻“走私”给我们。最可恶的是陈果夫，竟然无耻地造谣说我曾偷看他的皮包，我从未去看他一次，他的话完全是无稽之谈。最后国民党中央党部竟向《新闻报》提出要求交出我这个人来，报馆转告我，我愤极置之不理，他们对我也无可奈何。

那时南京跟上海间传递消息，只有两种工具，即电报和长途电话。这两者都是公开的，大家都可以付钱使用，而且拍电和通话的时候都在晚上，拥挤不堪。我估计会议闭幕那天，定有长篇宣言、决议和讨论情况等，数量至少要在一万数千字，单用电报和长途电话，无论如何是难以完成任务的。我就把这一问题提出来跟俞树立等商量。我主张除电报和长途电话以外，还应找另一种传递消息的工具。那时无线电报还没有公开营业，只有高级的军事机关设有无线电台。我们如能得到军事委员会的负责人李烈钧的同意，准许我们使用紫金山的军用无线电台，把会议消息的三分之一拍送上海，由上海《新闻报》馆的无线电台收取，其余的仍以长途电话和电报传递，那么这一问题就可以解决了。不过事情要做得极为秘密，因为万一传出去，各报都援例请求，我们的消息还是要被挤塞住，不能全部传递到上海。俞同意我提的办法，我们一起到军事委员会去找李烈钧，李表示可以帮忙。我们就请他下令给山上的无线电台负责人，由我们持令前往接洽，一切进行得都很顺利。然后我们准备三个又快又准的人译电码，两个最熟练的人通长途电话，并准备好夜深充饥的点心、提精神的人参以及运送稿件的车辆等。

预备会议开得很久，甚至连星期天上午也不休息。有一次预备会是星期天上午在汤山举行的。我和俞、曹等驱车前往，仍守候在会场外面。大家趁机在汤山洗了温泉澡，笑笑谈谈，不觉已是下午2点钟，腹中饥饿，可是会议还没有散。等得实在不耐烦了，俞等主张在近处吃些东西，然后再来。我等候已久，会议快散了，如我们一走，正好散会，这些“要人”们匆匆而去，我们就白等了，不如再待几分钟。俞等同意。果然不到10分钟，会议开完了，大门一开，“要人”们一拥而出，我们在他们未上汽车之前，迎上前去，各找对象，探询会议的内容和结果。这样，几分钟之内，人去楼空，而我们也得到了很多新闻。俞先生对这次经验，记得很牢，到上海跟同业们谈话或向学新闻的学生讲演时，常把此事作为例子。他要求大家记住：新闻记者是新闻第一，肚子第二，失去了新闻的新闻记者，也就不成为新闻记者了。

最后，在“扫墓归来岁已寒”（于右任诗）的时候，正式会议开幕了，我们就更忙乱起来。闭会那一天，一切文件都在闭会后天色已垂暗时，才发给新闻记者。这最后一天的新闻量，果然不出我所料，足有1.5万字左右。我把所有《新闻报》在南京的工作人员都发动起来。我和俞、曹等分头写稿、编稿，另有三个人分头把稿上的每一个字译成电报号码，每译好一部分即送电报局拍发，或挂加急的长途电话跟上海通话，或送往紫金山无线电台，到下半夜2时左右才完成任务。等到我从山上回到采访科，通话员正力竭声嘶地跟上海通话，近

3时左右才去睡。

第二天下午我离南京回上海，行前，上海各报已到南京。我们打开一看，除《新闻报》外，各报消息都未能全部拍出，有的报馆只拍了闭幕宣言的一半，有的只拍了摘要。至于新闻，各报发的也不完全。只有我们事前有准备，找到了新的传递新闻的方法，把新闻和全部宣言一字不遗地拍到了上海，并悉数刊登出来。这种新闻拍发的速度和数量，是中国以前的报纸所从来没有的。

在第二集团军当随军记者

1927年北洋军阀孙传芳等的部队虽然被赶过长江，但不甘心于束手待毙，犹力图挣扎。1927年上半年，孙传芳驻在南京对岸浦口等地的军队，竟于黑夜偷渡长江，扑袭南京。蒋介石、白崇禧等料不到孙传芳还有这一着，仓皇失措。不但下关失守，而且孙部还沿沪宁路直取镇江。白崇禧激于困兽之斗，只好领兵跟孙传芳决一死战，激战了三昼夜，总算又把孙传芳部打过长江以北。

为了南京的安全，后来蒋介石军队渡过长江，继续向孙传芳的军队进击，但于占领浦口以后，只进到徐州为止，就不再向北前进。

1927年末至1928年初，四中全会结束后，我回到上海向《新闻报》负责人汇报时，就提出国民党要再度北伐，我们应派遣随军记者，做好准备。但《新闻报》的负责人漠然置之，不以为意。

1928年三四月间，蒋介石以总司令的名义宣布再度北伐。他自己直接统率的贺耀祖、蒋鼎文等的军队为国民革命军的第一集团军，沿津浦铁路线北进；以冯玉祥所统率的部队为第二集团军，负责陇海路，从郑州北进；以阎锡山的部队为第三集团军，沿石家庄、太原线出击，由杨杰任参谋长。各路并进，但进攻的重点则在津浦路徐州以北的地段。

当时我又把随军问题向报馆提出，报馆要我到第二集团军去当随军记者。我提出请一位出身于保定军官学校姓马的朋友和另一位毕业于北京高等警官学校姓董的朋友，也以记者名义和我一同前往。

三四天后，我们到达汉口，当地的情况很凄凉。我们在傍晚购票上火车，坐的是铁篷车，没有卧铺，也没有灯光，大家挤坐在黑暗中。到了武胜关，车就停了，据说前面有枪声，不能再行。天气寒冷逼人，一夜枯坐，虽然勉强合上了眼，但早上醒来，精神萎顿不堪。车停停走走，走走停停，十分缓慢，两天之后才到达郑州。这里狂风时起，黄沙扑面，树木尚未抽芽，车站秩序凌乱，景象萧条。郑州以北，第二集团军的鹿钟麟部跟张学良部正在作战。郑州逼近前方，人心惶惶。我们的预定计划是先到第二集团军的总司令部，跟总司令冯玉祥取得联系后，再决定在军事新闻采访方面的活动计划。因此，我们一到郑州，吃了饭，立即转搭陇海路火车折向东行。这时客车只通到开封，不能直达第二集团军总司令部所在地的兰封。

到了开封，我们跟车站上的军事机关接洽后，又于当晚上了火车，翌晨到达兰封。

我们下车后，即向第二集团军总司令部报到，冯玉祥亲自接见。对《新闻报》派记者三人到他那里随军活动，表示欢迎，并把我们三人安顿在招待所里。招待所虽然简陋，但墙壁和被褥等十分清洁。到达后的第一个晚上，我们睡得很早。我打算次日晨在天还没有亮时起身，好参观冯玉祥总司令在他的部队中进行活动的情况。

朦胧中，似乎听见吹军号声，“一二三……”口令声和步伐声。我连忙从床上跳起来，一看天色早已微明，军队已开始早操，料得冯玉祥总司令一定早已到场。我立即穿衣，马、董二人也同时起床。我们一同出门往操场跑去。我们到时，见冯总司令正站在场地中向部队讲话。过了半个多钟点，由他亲自喊口令，领着部队进行操演。他的口令喊得很别致，有“一个半向左转”或“一个半向右转”等。操毕，他跨上一匹高大的黑马，在空地上和城郊附近往来驰骋，姿态十分英武。这样，又过了些时间，他才跳下马来，向站在场旁的我们三人招呼，邀请我们到总司令部跟他一同吃饭。从这天起，我们每天早上的生活，除非有特别原因，都跟这一天的早上一样。

总司令部吃饭的地方，是一座临时搭起的营帐。桌位是长方形，可坐20人左右。我们从外面进入时，早已有多人坐在里面等候，其中有的是白崇禧派来的代表，有的是西北马福祥等派来的代表。冯邀大家坐下，他坐在主位，盛着饭和稀饭的桶都放在他的附近，他拿起空碗，为每个客人装饭。饭菜有罐头油焖笋等，相当朴素，并且十分清洁卫生。吃饭的时候大家随便闲谈，我们怕冯有要事要跟有关方面的人商谈，所以一吃完，立即告辞外出，进行我们自己的新闻业务活动。

我们在兰封跟部队中人谈话时，不论军官或士兵，都盛赞冯的好处。他们告诉我们冯常为士兵理发剃头，亲如手足。有一次一个士兵的父亲来探望他的儿子，恰巧他的儿子已调往前方。冯就亲自招待这个老人，请他吃饭喝酒，并且对他说：“你的儿子为国作战，他的功劳是极大的。现在他既不在这里，你不能看见他，那么，我可以作为你的儿子，我就是你的儿子。”说毕，冯拿出自己的一张相片，亲自题上“你的儿子冯玉祥”字样，双手捧上，送给那位老人。临别，冯还送给他50元路费，请他随时来看望。那老人感激得涕泪交流，出门后逢人便说。这故事传遍了整个兰封城，以致第二集团军的全体部队。

我们在兰封过了约十天。忽然，有一天场地上静寂起来，没有士兵的操演，没有冯的讲话，没有冯的喊口令，更不见冯骑在那又高又大的黑马上往来驰骋。最后，更不见有人来邀请我们像以前那样跟冯及各方来客一同吃饭。第一天这样，第二天还是这样。我们向第二集团军总司令部询问消息，据说陇海路西段樊钟秀部发生兵变，所有郑州以西的铁路交通线已经不通，第二集团军正全力应付这一事变。

这一事变虽然不久就解决，但我们根据半个多月的感觉，觉得战事不在第二集团军这一面，于是我们就向第二集团军总司令部声明，主动回到了上海。

五三惨案及北上采访

一、在泰安

我回到上海后，很快就转到津浦路第一集团军方面去采访新闻。沈颂芳和我同行。一路上乘坐铁篷车、客车。在兖州，我们有幸坐上一辆部队政治部的宣传车。宣传列车一直停在兖州车站，直到半夜才开向泰安。这一夜我们车上虽然没有卧铺，但车厢有顶有窗，又宽敞，又无骡马尿屎之味，所以睡得又香又甜，自徐州北行以来，这是最舒适的一夜。

我们到泰安站，刚下车，看见对面也有南行列车到站。所有下车的人，脸上和行动上都显得惊慌和紧张。我询问其中几个人，原来隔天（5月3日）在济南发生了惨案，日本兵残酷地杀害了中国外交人员蔡公时和许多中国老百姓。日本兵还炮轰济南城。贺耀祖的部队奉了蒋介石的命令已不战而走，纷纷从南门逃出。这一列车上的诸色人等，也是在昨天从济南逃出来的。

在纷乱的行列中，我发现了《新闻报》随军记者曹天纵，我一把拉住他，他也高兴得禁不住叫起来。跟他在一起的还有一个青年译电员和为曹肩负铺盖及行军床的工友，一共是三人。我们在路旁坐下，曹讲了惨案发生的一般情形。我见曹身体不好，决定请他回南京休息，译电员暂留，前方的事情，由我和沈负责。曹就和我们握手告别，找车回南京去了。

曹走后，我跟沈说，我们要尽可能到济南附近去看一看，在那里一定可以收集到关于惨案的更详尽的情况。当军政人员乱逃的时候，我们要镇静地勇敢地迎上前去，一定可以在采访上得到较大的收获。这是一个中国记者应尽的责任。沈表示同意。但那时泰安以北已不通火车，我们又没有汽车，觉得十分为难。

正当交通问题无法解决之际，我们发现公路上有几辆卡车要向济南方面开驶，其中有许多乘客是宣传列车上的宣传人员。因与他们熟识，我们就老实不客气地爬上了卡车。卡车以不快不慢的速度向济南方向开驶，驶过界首，驶过张夏，驶过崮山，驶近了济南南郊的党家庄和莘庄。正当汽车向前疾驶的时候，忽然路旁一个农民大声喊叫："停下来！停下来！"司机忙把卡车停住。他下车跟那热心的农民向前走了几步，才发现路已被掘断。掘断处的纵断面有几丈深，如果汽车驶到那里跌下来，车中的人员都要粉身碎骨。这个农民救了我们许多人的性命。

车停了，车声寂静下来，侧耳一听，就听得从济南那里传来的阵炮声。同时在我们前面远处，有很多"黑点"向我们这里跑来，我们紧张地注视着那些“黑点”到底是什么。时间不久，“黑点”越来越近，最后我们看出那些“黑点”是一大群从济南继续逃出来的难民和狼狈撤退下来的蒋介石军队的散兵残卒。这些兵卒痛恨蒋介石的不抵抗主义，他们气愤地把步枪扔在我们面前，表示不再为不抵抗的蒋介石卖命了。我们乘纷乱之际，各找了几个对象，请他们把济南的情形讲给我们听。他们中间有几个是在蒋介石政府搞经济和外交的人员，说得相当有条理。他们的谈话，是有关五三惨案的最新最丰富的消息。我们要把它原原本本地写出来，用最快的方法传送给上海报馆，让它向中国人民报告，向全世界人民报告这一次日本帝国主义者在济南对中国人民犯下的滔天罪行。

我们停车的地方没有村舍，没有市街，是一片空地。在这片空地上，我们不能有所作为，只能退到泰安再说。

在泰安，车站上旅馆中以及司令部中都挤满了人，没有我们容身之地。我们就在街上找到一间半坍毁的房屋。这间房没有门窗，没有家具，只有一扇门板，好像是被人拆下来横在地上似的。我就打开小箱子，取出纸张，把门板用砖垫起来，作为写字桌。我坐在地上，聚精会神地写那篇关于济南惨案的详细报道。由于资料丰富，我不喝水，不吃饭，不小便，一口气写到天黑，大约写了七八千字到一万字，方才脱稿。我把稿约略地复阅一下，才和沈出去吃了些东西，松了口气。

我们那时不能由邮局寄递那篇经过千辛万苦采访得来的通讯稿，就是快信，也得一个多月的时间才能到达上海。经这样长时间编辑部才收到这篇稿件，除了把它投之字纸篓外，还能有什么用呢，我考虑了一下，于是要求沈颂芳用最快的方法把这篇稿送到上海《新闻报》社去，然后再回到这里来。临行，我再三要求沈要快，要快。我以为沈至少要花三四天的时间，才可以到上海。不料沈办事相当利落，他一到泰安车站，就跳上了王正廷（继黄郛后的外交部长）的专车，沿途不停站，只一夜工夫就到浦口。次日下午，沈即到达上海，赶到《新闻报》社。我们的稿第二天就刊出，引起上海市民的极大注意。

五三惨案之后，由于蒋介石乞怜妥协，日本兵虽没有从济南出动（实际上，日帝对中国的全面性侵略，那时还没有准备好），但经常派几架飞机飞到泰安上空扫射或投弹。有一次扔下来的炸弹落在总司令部列车附近，吓得蒋总司令魂不附体，便下令总司令部立即再往后退，一直退到兖州。我也跟着退到了兖州。在兖州，我待了几天，观察形势。日本帝国主义者已明目张胆地在济南用武力阻碍蒋介石的北伐，从很多事实中，又证明蒋介石没有胆量去冲破这一阻碍。蒋介石对日本侵略者胆小如鼠，闻风而逃。在这种形势之下，第一集团军的前进已成问题。本来作战重心在第一集团军方面，现在因为济南惨案的发生而起了变化，我觉得滞留兖州没有什么意义。因此，我决定赶回上海，再由上海取道海路到当时尚由军阀把持的天津、北京一带去采访新闻。

二、只身北上

要到当时的天津、北京去是有一定危险的。天津、北京都在军阀张作霖控制之下。街上大刀队横行，我去那里当然要冒危险。临行时《新闻报》老编辑文公达先生为我写了一封给梅兰芳先生的介绍信，他是专捧梅的戏迷。有了这一封信，我的紧张思想松弛下来，万一碰到北方军队检查，他们熟知梅先生之名，看到这封信，不至于为难我。

从上海登轮时，我脱下中山装，改穿中装。所有手提箱中的一切东西，甚至一张纸片，我都郑重地做了检查，然后怀着一种忐忑不安的心情踏上征途。

将到塘沽时，听船上乘客讲，岸上驻有北洋军阀的大刀队，动不动就要砍头。上海人闻此极为寒心。因为1926年在孙传芳的统治将要崩溃的上海，沿民国路与法租界交界处，就驻有孙部李宝璋的大刀队，对出入行人进行检查。这些“丘八”都不识字，只要搜查出身上一张纸，不管是账单或当票，统统说是传单，立即一刀砍下头来示众。于是我对自己简单的行李反复地检查，竟在外衣口袋里寻出一个第二集团军的布质徽章，赶快把它丢入海中。我通过大刀队的检查之后，直奔火车站，到了天津。

那是我第一次到天津。我住在国民饭店，休息片刻，就到《大公报》报社，拜访总编辑张季鸾先生。他是上海《新闻报》的驻津通讯员。我希望他能帮助我了解北方的形势，特别是关于日本帝国主义对中国北方的阴谋企图。张虽然善于分析形势，但对实际情况究竟怎样也没有把握。我于5月29日去访日本驻津领事白井。白井危言耸听，咄咄逼人。他说天津有日兵五千，飞机九架，驻在日租界七百码以外，随时可以应战；如北京东交民巷形势紧急，其防御线自将扩充。这时日兵已在天津布置铁丝网，操演巷战，试演飞机，火药气味很浓。

我在天津也看到了《大公报》总经理胡政之、采访主任曹谷冰。胡待人很周到，初次见面，就请我在一家西菜社吃饭。因为天津不是我的新闻采访地区，饭后我旋即乘火车来到北京，时间是5月29日晚上。

三、张作霖出走前的北京

在前门找到旅馆后，我就到梁家园《新闻报》北京采访部办事处去看记者张亚庸。张为人儒雅开朗，好酒，从早到晚手不释杯。他的新闻来源主要来自各机关内线，另外就是北京各通讯社发送的稿件，直接采访的新闻不多。张和北京的若干同业见我特地从上海跑来，表示欢迎，招待很好。但对帮助我这个人地两生，北京话又十分蹩脚的人开展新闻活动，表示很为难，于是我就包下了一辆黄包车，要到什么地方去，用不着我操心问路，黄包车自会拉到那里去。

东交民巷是我在北京的一个新闻活动中心。我首先去访日本军官建川少将，他告知我在东交民巷驻有500名日军，其任务是以保护日本使馆和日本侨民为主，不干涉中国军队进驻北京；日本和各国驻军也不会派联合军队把守北京城门。他讲话的语气，跟日驻津领事白井截然不同。

我找到外国公使团的首席公使——荷兰公使欧登科，他也表示：使团对中国的内政不预备插手。张作霖对北京的放弃已属显然。

我在东交民巷，得识若干英、美记者，他们跟中国《新闻报》在新闻采访上不存在矛盾，没有竞争。我们约定经常见面，交换消息，这使我在北京的新闻来源，顿时多了起来。

6月1日晨，从前门车站获悉：张作霖在京眷属，已于这天凌晨乘车出关。张的行装、家具，在前门车站月台上堆积如山，可见张作霖本人出走在即。这天日使馆参赞天羽英二接见我时，声称日军决不占领北京，也不拒绝北伐军队入城。1日下午4时，张作霖会见英、美、日、法等国大使，向他们声明此后的北京治安问题。张作霖出走，使形势急转直下。我主张把这一头条要闻立即拍发上海《新闻报》。但以张亚庸为首的《新闻报》驻京办事处人员苦苦劝阻，要我千万不要拍发。认为即使张出走了，北京还留有他的驻军，电报局还有他派的新闻检查员，到处有大刀队，一经查出这种不利于他的绝密新闻，追究起来，张亚庸和我免不了都要做刀下之鬼。我想我是专来北京采访新闻的，舍此重要消息不发，实在痛心。我便对张亚庸说：我们不拍由收报人付费的新闻电，而改用付现款的私人电；收电地方，不写上海《新闻报》，而写上海汉口路二七四号某人收；电报的内容不说张作霖离京出走，而改用可以猜得出的隐语，如“弟拟于本日晚偕小妾离京，所有家务，由郭务远先生代为管理”，来影射张作霖于1日晚出走，所有政务由国务院代为维持。收电人写的是陈达哉，他是《新闻报》编辑部中最为机灵的一位。他必能想到我只身来京，并无小妾；即使离京他往，也无电告的必要。从而悟出离京的不是我，而是张作霖；至于“郭务远”是国务院谐音更属显然。大家认为办法稳妥，就同意拍发了。事后得知，上海《新闻报》就在6月2日发表了张作霖出走的消息，是这样登的：“张作霖眷属一日晨出京，张作霖定一日晚行，政局由北京国务院代为维持。”

实际上张作霖离开北京的时间是1928年6月1日的后半夜，即6月2日的早上①。

作为新闻记者，能逃避检查把这一重要新闻拍发出去，确是一个重大的胜利。

张作霖离京退回关外，标志着北洋政府统治的结束。

张作霖离开北京，虽然还有东北军鲍毓麟旅4000余人和警察人员等，但仍由地方人士组织了治安维持会，维持北京局面。他们中有江庸、章士钊等，还有美国人福开森。这时北京一片萧条，景象十分暗淡。我每日仍往来于东交民巷等地，进行新闻采访活动。4日下午从

① 《从戊戌变法到九一八事变东北大事记》记载：1928年6月3日，深夜张作霖密乘火车离京返奉。

使团方面得知张作霖于该日拂晓在皇姑屯被炸受重伤的消息。明知这是日本特务搞的，但碍于形势，我们不能这样发表。张作霖被称11日晚伤重死去。至此，东北军入关反攻已不可能，北洋军阀的统治，也宣告寿终正寝。

6月5日，我采访东北军将领邢士廉，邢告诉我，蒋介石将派何成浚来北京接洽。邢曾任上海护军使，何曾于济南五三惨案发生后，在泰安和我见过多次，我对他们都熟稔。

在北京的上层社会和外交使团中，对蒋介石其人不熟悉，无感情，故不希望第一集团军进入北京；对冯玉祥有恶感，他在直奉战争中回师北京时，得罪了皇亲国戚、达官贵人，这些人害怕他的第二集团军开进北京。比较起来，受欢迎的，是阎锡山的第三集团军。日本使馆参赞崛义贵于6月7日上午公开对我表示："使团方面对二、三集团军入城，均表欢迎，但第三集团军纪律素佳，此间尤为满意。"

四、北京落入蒋介石之手

1928年6月6日上午，风闻有北伐军队进抵北京郊区。我得知治安维持会要派代表前往欢迎，就跟他们取得联系，一同前往。我们于近午时自户部街乘汽车驶往南苑，车中有治安维持会代表常耀奎、商会代表冷家骥、李瀛州及警监吴炳湘、尹扶一、杨开甲等。出永定门，驶行十余里，即发现第二集团军的别动队五六人。车抵南苑，与别动队司令部的参谋长唐豫章晤面，据云：所部确是第二集团军的北路军，自4月2日在彰德击溃敌人后，即沿铁路线兼程追击，经磁州、邯郸至石家庄。之后离开铁路线向北推进，经正定、晋州、祁县、安国、新城，至6日晨5时抵固安，12时抵南苑，沿途所经大小战斗共四十余次。至此，我才明了，迫使张作霖出走，战局急转直下的原来是冯玉祥的第二集团军。当时治安维持会中人，出乎意外地发现这一事实，顿觉不安与失望起来。

下午4时10分，我们行抵南苑的营市街，晤见第二集团军的旅长李汉章。治安维持会的代表，一方面对李表示欢迎，另一方面又向李提出三点请求：进入北京城的军队，人数以少为宜，如派遣军队入城，请先用电话通知治安维持会，俾便预为布置一切；东北军的鲍毓麟部，维持北京治安颇著劳绩，请予以优待照顾。李旅长闻后，似有不快，但态度仍很自然，当即答复道。听说北京秩序甚好，我们的军队自无必要入城！接着愤慨地说，第二集团军与第三集团军都是一家人，对北京治安的维持，不必分彼此，可以共同负责。

俄而，第二集团军前敌总指挥韩复榘也到达南苑。在他未和我们见面前，已获知北京治安维持会不欢迎第二集团军进城的消息，同时又接到蒋介石不许他把第二集团军开进北京的命令。因此在跟我们见面时不免怒形于色，说大家都是革命的军队，为什么第二集团军不准进入北京？只是迫于形势，不得不服从蒋的命令。最后韩对我表示：第二集团军的队伍，暂不开入北京城内，冯总司令也暂不来京。第二集团军的北路总司令鹿钟麟约3日后可到达，第四集团军总指挥白崇禧四五日后可到达。本军极愿保护北京，唯恐有人妄加测度，故暂缓入城。

自这一天起，从我亲眼所见亲耳所闻来看，蒋介石与冯玉祥间的矛盾，已呈表面化。1929年至1930年间蒋与冯、阎大战的种子，便已经埋下了。

北伐军既然于6月6日开抵北京郊外，留驻北京城内的东北军自然不能不走了。6月8日晨9时，鲍毓麟旅部撤出北京，行经朝阳门时，有美国公使、法国代办及熊希龄、恽宝惠以及商会代表孙学仕、陈佩衡等，到该处送行，鲍毓麟与欢送者一一握手告别。11时城门开启，鲍俟全旅4000余人从容出城后，始乘马随行。北平治安维持会与商会都派有代表送至通州始返。

1928年6月10日，白崇禧突然比阎锡山先进入北京城[①]，我感到有些诧异。我跟白在上海时就熟悉。那天我去东方饭店看他，既看不到他的卫队，也不见他的秘书和随从人员。见面后他要我代他发动一个英、美记者招待会，并要我做翻译，我为了搞到新闻，就同意了。

白崇禧的英、美记者招待会是在6月11日晨举行的，就在那天下午，阎锡山以第三集团军总司令的名义，也进入了北京城。

桂军头头白崇禧突然闯入北京，出乎我的意外。蒋介石在北伐之始，和冯、阎部队都划有一定的作战区域；独李宗仁、白崇禧的桂军，虽在编制上是第四集团军，但并没有一定的作战区域。我在陇海

① 《申报》、台湾《民国大事日志》记载为1928年6月11日阎锡山、白崇禧入北京。

与津浦两线上，所遇到的桂军很少。白崇禧如此轻装单身先行抢入北京，一定有原因。

白崇禧在招待外国记者时，大谈反共，说去年（1927年）“清党”时，上海杀了多少万人，南京、汉口杀了多少万人，意在取悦帝国主义者。可是一般外国记者对此却不以为意，反提出了当时蒋介石为何辞职的问题。当时国民党军内部钩心斗角，矛盾重重。白表示对东北军一向持坚决反对态度。而张学良却不久就易帜附蒋，直接服从蒋介石的指挥了。此后（1930年）冯、阎、汪精卫等联合反蒋时，张学良举兵入关，助蒋作战，帮了蒋的大忙，这是后话。

蛰伏山西的阎锡山是成竹在胸，对北京的觊觎已非一日。1928年，他的部下如总指挥商震、警备司令张荫梧、宪兵司令楚溪春、第六军长孙楚、第五军长傅存怀等先期入京。阎本人则于6月11日晨自保定启程，到高碑店换乘小汽车，经长辛店、卢沟桥，于12时半到达北京彰仪门（今广安门）。这时全城悬旗，军、警、商各界人等出城欢迎，中外新闻记者也出城采访，全城竟一时热闹起来。

我和阎锡山谈了话，他说了七点：如无特别事故，拟长驻北京（这说明北京与天津一带，不归蒋，不归冯，由阎管辖）；一俟战争结束，即赴天津视察；政治概由国府主持，本人不参加意见（这是回答蒋介石的）；对北京治安，（阎）负完全责任；与冯系主义的结合，并无权利之争，敌者挑拨，万勿置信（这说明阎、冯之间的关系是密切的）；白总指挥（白崇禧）来京，其任务系参加北伐，指挥军事，扫除残敌（虽对白崇禧北京之行有所说明，颇觉勉强）；对关外奉军仍继续进攻（这与白崇禧持一致态度）。

阎锡山进入北京后不久，蒋介石率领陈立夫一帮人也蜂拥来到了北京。随之而来的，还有《新闻报》随军记者沈颂芳等。我的任务既已完成，就离开北京去了天津，这时津浦线仍被日军扼阻，我便从塘沽搭轮由海道返回上海。

五、调查五三惨案

1928年秋的一个晚上，《新闻报》编辑部的某负责人对我说，外交部为了弄清楚五三惨案的情况，想请上海新闻界组织一个“济南惨案调查团”，所有旅费食宿等费都由外交部负责，调查的报告预备在报纸上公开发表。问我愿不愿参加，我表示愿意参加。我完全没有想到青岛、济南以及整个胶济铁路都在蛮横无理动不动就要杀人的日本帝国主义者的占领和统治之下，如果蒋介石和日本军阀之间，没有什么秘密的卖国勾当，我们这些只拿一支自来水笔的上海新闻记者们，怎能安全无事地进入这个蔡公时等成千成万的中国人民被残杀得满地血水的区域？日本侵略者怎能甘心让我们在那里公开进行调查？又怎能让我们连一根毛发也没有损失悠然回返上海？这是明显地表示蒋介石又偷偷地背着中国人民向日本帝国主义投降了。虽然我在当时只是怀疑，但在三年后，九一八事变发生，李顿调查团到东北时，我也参加了调查，一切可怕的遭遇，跟这次完全不同。两相比较，就可以令人确信他们这次组织上海新闻记者调查济南惨案完全是日本帝国主义和蒋介石集团双方在事前秘密布置好的玩弄中国记者与中国人民的一出把戏。

同行的记者，记得有《申报》的康通一、金华亭，《时报》的金雄白，《时事新报》的叶如音，《新闻报》的我和一个姓姚的。其他已无从想起。此外还有美国记者《密勒氏评论报》主笔鲍威尔和一个法国女记者。我们没有组织，没有团长和秘书，有事大家临时协商。因为康通一资历和年龄较高，是一个比较老成持重的中国记者，所以遇到问题时，大家都去请教他。

我们从上海到青岛坐的是大洋轮船，头等舱位，两人住一间房舱，房内有冷热水设备和盖着羊毛毯子的软床；一日三餐都是丰盛的西餐，到了青岛，我们又被安置在一家大旅馆里。该旅馆地处海滨，风景优美，起居生活也是高水平的。在青岛我们也不进行调查，只是逛逛市街，看看商店。我觉得我们是旅行团，而不是调查团。在青岛街上遇到日本兵，他们不理我们，我们也不理他们。在青岛住了两天一夜，我们接受了日方的意见，坐胶济路的晚车去济南。

济南的空气比青岛紧张得多。路上到处可以见到戴着红帽耀武扬威的日本兵。他们的总司令是福田中将，一个矮胖的日本人。我不喜欢这样的气氛，我建议不必在济南住得太久，把调查搞得紧凑一点，有两三天时间就够了。大家同意我的主张，决定在济南最多以三天为限。我们的调查程序，第一天是全体成员到日本司令部去看福田，第二天分成两组，一组向市商会等中国团体进行调查，另一组是向外国领事馆等调查，谁参加哪一组由自己认定。我认定参加后一组的调查工作。

在济南我们只住了两天，会晤了福田以及济南各机关团体的负责人。明白人只要想一想，在日本帝国主义铁蹄下的济南，我们能调查到什么呢？各机关团体的负责人能对我们讲些什么呢？不言而喻，没有什么实话。这两天在济南，实在阴沉得令人难以忍受。

两天挨过了，我们又坐夜车由济南去青岛，在青岛玩了两天，才搭轮船回上海。康通一估计到一回到上海大家不免又要忙起来，难以抽出时间来写这一份所谓济南惨案的调查报告。他主张不如趁船上无事，推出两三个人来执笔起草，由大家讨论修改，作最后决定，然后交上海各报发表。我赞成康的办法，其他人也不反对，这一份报告就匆匆地在轮船尚未进入上海以前，草草完稿。后来由康负责交各报馆发表。

第一次到东北

1928年冬，《新闻报》决定在北平设采访科，由沈颂芳负责，要我先到北平去安排一下，顺便从北平坐火车往东北，去看一看新近易帜的张学良。

我到沈阳时，正下着大雪。在沈阳车站附近一家旅馆中休息了一宿。次日，我即乘车越过“日本地”（日租界）的浪速通，到沈阳城里去看张学良。在会客室中，我等得并不久，张即出见。那时张的鸦片嗜好还没有戒除，身体瘦弱，讲话时上下唇显得在发抖，极不自然。我向他提出了六个问题（内容已完全记不起来），他逐一答复。这次会见和张的答复，因沈阳有一家晚报也要发表，我就把另一份记录稿送给它。

这天晚上，张学良的一位姓沈的秘书约我在他家中吃饭。沈转达张学良的意见，要我到哈尔滨去看一看，我表示同意。我在一天上午10时左右到达哈尔滨。我尚未下车，月台上已有当地的公安局长、教育局长等来迎接。他们是接到张的电话通知才到站的。因我的外表没有那时大人物的派头，没有随从，也没有大批行李，只穿着一套不是全新的西装，手中仍提着那只随军时用的小提箱，因此他们一时找不到我。最后有一位小秘书，他把大人物的标准放宽以后，上前来问我，才算找到了。我被他们簇拥上了汽车，住进一家十分豪华的旅馆，晚上并为我设了盛大的宴会。我是在各地随便惯了的，在这种场合下，感觉十分不舒适。幸亏第二天有《国际协报》总编辑张先生单独请我吃饭，陪我玩了半天，才算松了一口气。在哈尔滨三天，官方陪我看了许多地方，汽车来，汽车去，匆匆促促，走马看花，我脑海中全不留印象。第三天以后，我无论如何要走，便跳上火车直奔上海了。

九一八事变

一、六三花园的招待

九一八事变以前，上海的日本新闻界、文化界与上海的中国新闻界有着紧密的联系，他们口口声声讲“中日是兄弟”，要“中日亲善”。我们这些无知的中国记者蒙在鼓里，信以为真。

六三花园是虹口北四川路底一个日本私人的大花园。园内有奇花异草，假山水池，布置得十分精致。一天晚上，日本新闻记者邀请我们很多中国新闻记者到六三花园去吃饭，不但有美酒佳肴，而且还有很多日本歌伎作陪。这一晚，中国客人都被“亲善”的主人招待得如痴如醉，到半夜才散。

不但日本新闻界、文化界对中国新闻记者有这样的“亲善”表现，就是代表日本官方以重光葵为首的外交官，也不时在上海黄浦路的日本总领事馆邀请中国记者吃饭。饭罢，主人还请摄影师为宾主合影留念。这种对中国新闻记者的“亲善”行为，确为英、美、法、德、意等国所没有的。

日本帝国主义者散播下的这些种子，虽然是大歉收，但不是绝对没有一点收成的。九一八事变发生时，《新闻报》的陈达哉任意修改我的稿子，八一三时又乱改陆诒的稿子。汪精卫投降日寇时，他当了一名小汉奸。此外，《申报》的赵叔雍，《时报》的金雄白都当了汉奸。

二、沈阳之行

1931年9月19日上午，突然传来昨夜日本帝国主义者袭击沈阳攻占北大营的惊人消息。这个消息震动上海。当时重光葵已升为公使，我当天去看他，询问这一事件的究竟。重光葵对我谈话时，一口咬定关东军袭击沈阳全系地方性的偶然事件，不会扩大，并表示中日又有这一新的冲突真是不幸。我听了以后，觉得他的话靠不住，当即表示要到东北去看看。他怕我去东北会受到阻碍或误会，当场为我写了一张由日本公使馆具名的介绍信。我回报馆向汪伯奇作了汇报，认为尽管重光葵说得很好听，事情恐要扩大，不会像五三惨案那样，局限于济南。我认为报馆应派人到东北去走一下。汪主张我去，当天就派人到轮船公司买了从上海到大连的船票，第二天，即9月20日，我就离开上海到东北去。

出发前，我的心情十分沉重。历次事实证明日本兵非常残酷，我是中国记者中屡次参加抗日工作的人，这次又是公开前去，是濒临险地。但出于我的自愿，同时也是我的职责所在，不能不去，我也就不去多管它。

我坐的是日本船，行驶很快，不到两天的工夫，就到达大连。大连的日本记者已经知道我来东北调查，坐着渡轮到我的房舱中来看我，询问我到东北调查的目的，要到东北什么地方去，在东北要住多久等等。我答来此调查是我们新闻记者的责任，到哪几个地方去和在东北住多久要到沈阳后才能决定。这个日本记者又唠叨不休地向我提出其他问题，我都用资本主义国家外交官对付新闻记者的一套办法来敷衍他。他走后，又有大连一家日本报纸的社长来看我，并赠送我从大连到沈阳的火车票。我告以我的旅费全由报馆负责，婉言谢绝。我一上岸，立即购买火车票，搭夜车去沈阳。这时已是9月22日左右，关东军已连续攻占了长春、营口、安东等许多中国大城。事实证明重光葵对我说的，全是鬼话。

火车在清早到达沈阳。一到车站，发现情况极为紧张。满脸杀气的日本宪兵满布车站，成千上万的人搭车争往关内逃难。我提着小提箱走出车站，找到附近一家小旅馆歇脚。稍稍休息之后，就雇车前往大和旅馆，即日军司令部的所在地。我把名片和重光葵的介绍信交给守卫的士兵，要求有一个负责的日方军官来接见我。名片和信拿进去，为时不久，即有一个日本军官在会客室接见我，谈到9月18日晚上的事情，他编出一套谎言，说张学良的东北军怎样向日军进攻，日军才不得已占领北大营等等。我问他为什么还占领安东、长春、营口等地，他说这是日方对东北军的惩罚。总之，当时日本军方所说的一套，跟外交方面所说的一套，是大同小异，其目的都在愚弄和欺骗世界人民。我在日军司令部一小时多的时间中，只见日本各级军官上上下下，来来去去，极为忙碌。从表面上看，也可以知道日本不会就此收手。

形势既然如此，在这个危险地带，东奔西走，住久了，是没有好处的。我必须尽快脱离险地，奔回上海，在新闻岗位上，努力进行抗日宣传工作。主意既定，我立即返回小旅馆，乘车驰往火车站，买票登车，返回大连。我行动迅捷，傍晚车抵大连时，没有日本特务跟踪。从容地下车后，就购买船票，从大连往天津。

船离开大连港，我心神稍定，庆幸此身脱离虎口。开饭时，我意外地发现，坐在我旁边和我一起吃饭的，竟是几年前为上海人所熟知的北洋军阀孙传芳。他也认识我。我问他为什么当年命令李宝章在上海用大刀乱杀人。他不觉长叹一声道："箭在弦上，不得不发。"我初见孙时，颇恨他在上海杀人太多。后来听他说，失败后在大连闲住了很久，现在局势如此，他不愿再住大连，怕被敌人利用，再遭麻烦。我听他说后，恨他的心稍减。孙到天津住在租界，念佛诵经。有一天，孙正在佛堂诵经之际，被青年女子施剑翘枪杀。军阀的下场多非善终。

我到天津后，下榻于一家比较清静的旅馆，关起门来，动手写电稿和通讯稿。通讯稿寄到上海《新闻报》馆时，由陈达哉经手发排。

论理，这是一篇自己报馆派了记者，花了一笔钱，冒了相当危险而写成的通讯稿，应以显著的地位和大号醒目的标题在报上发表，不料陈竟无耻地用普通的小号字，排在最不显著的位置发表，其中重要的字句，也加以删改。日本人在六三花园所播的种子，在他的身上开了花结了果。稿发表后，《大公报》编辑部却把我的稿从《新闻报》上剪下来，用大号字和显著地位发表在《大公报》上。

三、跟学生们到南京请愿

10月上旬，我回到上海。这时，上海的大中学校已组织了全市性的学生会，开展抗日活动。我办的民治中学的学生会也推韩学章等为代表，参加这一组织，韩当选为全市学生会的执委。全市学校举行了大罢课，师生一致行动，要求蒋介石惩罚不抵抗的将领，出兵收复失地。这当然是不可能的。根据我在采访工作中的体会，从1926年蒋到上海，背叛革命，直到九一八事变前夕，无论在对日经济绝交大同盟的时候，还是在济南五三惨案的时候，他对日本帝国主义者从没抵抗过，而是勇于打自己人，勇于“围剿”。九一八事变发生后也是这样。他命令军队不准抵抗，同时又要人民镇静、忍耐。人民自然不会答应，尤其是青年学生忍无可忍。于是上海学生在10月中旬掀起一个集体搭坐火车到南京向蒋提出要求立即出兵抵抗的活动。民治中学全体男女学生在韩学章领导下踊跃参加，其中包括两个又矮又小、年龄不过十二岁的小同学，一个姓熊，一个是我的长子顾震潮。我以新闻记者和教师的身份，也参加了这一行动，跟大家一起浩浩荡荡地向北火车站出发。

这天下午，北火车站挤满了请愿的学生，估计有万人左右。车站负责人不愿为学生拨派车辆，学生自然集合在车站不走，一时火车无法开行，上海南京间的铁路运输中断。但学生的组织和秩序很好。他们高喊口号，高唱歌曲，使成千上万围观的市民不时响起阵阵掌声。天黑以后，学生代表还得不到铁路当局的满意答复。这时，火车上开车、添煤、添水的工友，以及车厢中的服务员，都被路局下令撤退了，月台旁停着的只是一列列没有人的空车。学生们再也不能忍耐了，遂整队上车，由交通大学的学生开驶火车向南京方面直驶。这是出于万不得已的冒险行为。沪宁路是单线，只要迎面有一列火车在黑暗中疾驶而来，我们所乘的车将撞成粉碎，不知多少爱国青年将丧失生命。

这夜我和同学们和衣睡在车里的地板上，没有水喝，没有东西吃，也没有被褥御寒。大家为了爱国，忍饥耐寒。交大的同学把火车开得又稳又安全，一路不曾发生任何事故，使幸灾乐祸的铁路当局大为失望。火车第二天下午安全到达南京下关车站。

上海近万人的请愿同学毫无倦容地相偕下车，在月台上受到南京学生的慰劳和接待。稍休息一下，他们便整队出站，英姿勃勃，向南京城内行进。我和那两个小同学也跟着大队前进，目击这两个小家伙跨着大步走路，路途又长，心里不安，问他们能不能支持下去，要不要休息，他们都爽直地答道：“我们不累，不要休息。”

请愿学生步行一段长路之后，到达距下关相当远的一所学校（我记不起校名），当晚大家就住在这里。因人数太多，一时无法找到许多床铺被褥，于是大家只好又像在火车上那样，有的和衣睡在地上，有的睡在饭桌上。饭桌是方形的，即使是个子比较矮的同学睡上去，也得把小腿垂在下面。我担心他们会受凉，又怕他们在梦中摔下地来，就守着不睡，为他们关好窗户，盖好衣服。又因韩学章在外面参加学生会议，深夜未返，我更不能睡，为他等门。这一夜，我只在模模糊糊中闭着眼，养了养神。韩在天色黎明时散会回来。这时，同学们也都陆续起来。这已是请愿的第三天了。

这天清早，学生们整队出发步行到中央军校，据说蒋介石要在那里接见请愿学生并“训话”。全体请愿学生到了军校，整齐地排立在军校礼堂静待蒋介石出见。等了不久，蒋突然在群众面前出现了。他激昂慷慨，几乎痛哭流涕地说，如他不把日本鬼子打垮，教鬼子跪在中国人民面前求饶，他誓不为人。他是深怕学生抵死不肯回去，不得不讲这些话，把年轻天真的同学们骗回上海。其后，11月、12月，几批学生到南京要求蒋介石出兵抵抗时，蒋连鬼话也不耐烦讲，竟用刺刀与枪弹屠杀数以百计的爱国青年。

不过，上海学生并没有受到蒋的麻醉，他们发现蒋背信食言，依然持不抵抗政策，而且还在迫害抗日爱国的人民。他们又连续不断地举行大罢课，向市政府、市教育局请愿。在七七全面抗战前，他们始终没有中止过在这方面的斗争。

陈友仁

九一八事变后，孙科、伍朝枢等所谓国民党的粤方委员严词斥责蒋的不抵抗主义，要求蒋自动下台。这时陈友仁也跟孙科等一起到上海，住在南京路外滩口的汇中饭店。上海人听说陈是北伐时期的外交部长，曾乘群众冲进汉口英租界的时候收回了汉口英租界，故对陈有好感，认为陈是中国历史上最好的外交部长。其实，收回汉口英租界的经过是：1927年1月5日，在共产党员刘少奇等领导下，革命群众英勇地冲入汉口英租界，解除了巡捕的武装，占领了租界[①]。

我得讯后，立即到汇中饭店去看陈。陈闭门不见，坚请乃见。陈不能讲中国话，我们只好用英语谈话。陈已垂老，但英锐之气犹溢于眉宇，所讲英语简洁有力，既豪爽，又明晰，十分动人。我和他谈了数次。他为我分析为什么英、美、日三国海军吨数之比为五、五、三，而英国或美国的海军对日犹有戒惧，那是因为英、美的海军吨数

① 《中国现代史大事记》、台湾地区《民国大事日志》记载为：1927年1月3日，汉口工人和市民占领了英租界。

虽大于日本，但防区广泛，加以英美互有矛盾，其力量不能合并在一起，故英国或美国的海军力量，并不为日本军阀所重视。

随陈友仁在一起的，尚有一个甘介侯。此人善辞令，好修饰，爱洁成癖。从外表上看，像一个外交官员。不久，陈友仁上台当外交部长，甘当外交次长。陈下台后，甘没有继任，后投入桂系。

蒋介石见孙科对他不满，有意叫孙科吃点苦头，开一个玩笑。他暂时辞职，躲在一旁，看看孙科有什么办法。蒋既走，孙科高兴地上台当了行政院长，陈友仁当外交部长，其他财政部、铁道部等也一律由孙系人物担任。不料孙系人物上任时，不特没有钱，连部中所有木器家具等物也都被蒋系人物搬运一空。孙派陈伯庄等到上海，向江浙财阀苦苦哀求借些钱给他，而江浙财阀是为蒋服务的，对孙只是袖手旁观，不予援助。孙只支持了一个月左右，再也无法搞下去，在其政敌哂笑之下，不得不与陈友仁等愤愤下台，再让蒋家原班人马上去。

孙科下台后，还是在蒋的卵翼下任铁道部长、立法院院长等职。陈友仁则于1933年冬，当十九路军将领在福州宣告成立人民政府时，又被推任为外交部长，不过为期也极短。从此蛰居于香港对岸的九龙。他比孙科硬气的地方，是他始终反蒋，不受蒋的羁縻。七七全面抗战的第二年，我避居香港时去看过他，问他对于蒋的态度有没有变更。他狠狠地说："为了抗战，自然只好暂和魔鬼妥协了。"后来，据说日本发动太平洋战争时，他病死在香港。

一·二八抗战

一·二八抗战以前，英、美等帝国主义国家，多以为日本帝国主义的军队是强大而不可战胜的，如它向华东进攻，则数小时定可占领上海，几天就可占领全中国。帝国主义国家这样想，日本帝国主义者自己也是这样想的。但当日本帝国主义者得意忘形地在上海地区发动进攻时，却被中国人民打得落花流水，在世界人民面前铁一般地证明，日本帝国主义者并不是强大得不可战胜。

这一进攻的发动，敌人是有周密准备的。日本在上海的海军陆战队驻地虹口区域，为数原来极少，九一八以后，陆续增派大队人马到上海，在北四川路虹口公园前面筑起营房和司令部，其坚固的程度胜过堡垒。从早到深夜，铁甲车、坦克车以及荷枪实弹的巡逻兵，往来于北四川路横浜桥一带，俨然如临大敌。

尽管日本侵略者在上海捣毁中国商店，纵火焚烧三友实业社工厂，反向上海市政府提出道歉、惩凶、赔偿损失、封闭抗日社团等种种无理要求，上海市长吴铁城却一一接受。国民党在上海的最有历史的报纸《民国日报》也自动封闭。日本一方面调来数万人的军队、数十艘军舰和数百架飞机，准备发动进攻；一方面却要求驻守上海近郊人数并不多的十九路军撤离上海。敌人是有准备的、主动的、兵多械足的，而中国方面由于蒋介石的不抵抗主义，完全处于无准备的、被动的、兵不多械不足的状态。虽然这样，愤怒的中国人民还是伸出铁拳，把骄傲的自以为无敌的日本兵打得头破血流，让他们在全世界人民面前丢了脸。

我还记得，在1月25日至27日的几天中，形势的确非常险恶，上海地区的战事随时有一触即发之势。所有住在北四川路横浜桥以北地区以及提篮桥、杨树浦等地的居民，纷纷扶老携幼向公共租界苏州路以南的地区逃难。27日和28日，上海市长吴铁城对日本方面的一切要求全部接受，日本方面的挑衅已完全失去依据。市府放出了一阵浓厚的和平空气，使市民们和上海报纸都信以为真，原来逃难的市民也都抱着太平观念回家。谁能料到日本兵在无借口之下，竟疯狂地向驻在闸北的中国部队动起武来。

28日那天，我身体极不好，白天抱病到报馆工作，晚上热度更高。10时左右，我再也支持不下去了，便提早回家。临去，我要求采访科的同事，万一有日方动手进攻的消息，必须立即打电话通知我。

我一到家（这时，我又迁回民治学校了），刚脱了衣服，上床要睡，床边的电话铃突然响了。我拿起听筒一听，原来是《新闻报》馆采访科的同事打来的。只听得电话中急促地说："日本人已向闸北进攻，十九路军开枪还击，战斗已经开始了。"我丢了听筒，忘了病，立刻雇一辆汽车跑到《新闻报》馆，粗略地将采访工作部署一下，便坐着汽车到北四川路界路（即天目东路）等一带地区视察战况。得悉十九路军士兵作战极为英勇，一开始就很得手，当第一辆日本坦克车开进闸北中国区域（指除租界地外的区域）的时候，一个守兵奋不顾身地奔上去扔出一个手榴弹，立刻把这辆坦克车炸得瘫痪在地，不能行动。那条自北向南，从北河南路口到宝山路，在顷刻之间掘成一条像金城汤池般的战壕，敌人用大炮轰击，飞机轰炸，成群的坦克车、铁甲车冲锋，经过一个多月的时间，未能越过一步。它的防御力量，远远超过了年深月久以无数人力物力筑成的法德间的马奇诺防线和齐格飞防线。这一事实也充分证明：战争胜利的最重要因素是人，而不是武器。

当晚，我返回《新闻报》馆，跟采访科同事们开了个临时会议，大家都表示要像十九路军士兵那样勇敢工作，每天到前线去采访消息，以鼓起全国人民的抵抗情绪。万一因公牺牲，希望报馆要好好地照顾他们的家属。这当然是不成问题的。那时采访科实际上是由我负责，其人员为方菊影、蒋宗义、范敬五、沈吉苍、冯肇梁和我，一共只有六人，不够分配。我征得报馆的同意，把采访体育新闻的裴顺元和搞画报工作的陆诒，临时编入采访科。两个人为一组，每天上午、下午和晚上各有两组同时出发，未出发的人在馆内留守，接收从外面送来的消息。我自己则随时参加一组出动。上午的两组大概是早上8时前出发，从上海的西区绕道到中国军队的前线，一组到闸北宝山路、天通庵、太阳庙等地，另一组到真茹、吴淞、大场等处。他们必须于午间返馆，所得到的消息专给《新闻报》的夜报用。下午的两组和晚上的两组采访得到的消息，专供《新闻报》用。夜间的采访组在前线开驶汽车时，不能开灯，一开灯，不是招致敌人的炮击，便是招致自己部队的开枪。吴淞、蕴藻浜一带小河又多，黑夜盲目行驶，汽车易开入河浜中，十分危险。上海的新闻记者在一·二八抗战中，显出高度的勇敢，这是值得我们纪念的。

从1月28日那天晚上起，采防科同事差不多每人都从家中拿了被褥，住在报馆里。这样持续了一个多月时间。

这时我们使用信鸽为采访工作服务。约两年多前，我主张报馆应训练一批良种信鸽，以备电报电话无能为力时使用，并介绍业余养鸽专家钱承绪来馆指导。报馆采纳我的建议，在第四层楼的平台屋顶上搭起鸽房，养了一百六七十只能长距离带信飞行的信鸽，派了一个人专职饲养。这时，因为前线跟报馆没有电话可通，更谈不到电报无线电。前线距报馆既远，采访人员又不只一处，这样，上午出发的两个采访小组，要他们及时赶回来，为下午三四点钟出版的夜报写稿，一般说来是做不到的。因此就要使用信鸽了。我请养鸽的同志把怎样使用信鸽传递消息的方法教给我们这一批战地记者，当场在屋顶鸽房旁练习数次，不到一小时，差不多大家都会了。我们从战争发生的头几天起，在早晨或下午赴前线采访消息时，各组都带着一批信鸽。到达前线，一得到好消息，立即用自来水笔写在又小又薄的纸上，把纸卷在小筒内，把筒系于鸽项，纵鸽起飞。片刻时间《新闻报》的夜报编辑部就收到我们从前线发出的消息，大家禁不住笑逐颜开。原来预定要在中午等我们从前方赶回写稿，现在能在上午9时、10时、11时等不同的时间内收到消息，这是多么痛快呀！可惜信鸽不能在夜间黑暗中飞行，虽然在月明时，信鸽也可以勉强飞行，但把握不大。

1月29日，即上海抗战的第二天晚上，英国人办的《字林西报》馆在电话中通知我，说他们得到消息，中国方面的吴淞炮台已失守，日军已在吴淞登陆了。在当时众寡悬殊、敌强我弱的形势下，这是完全有可能的。但我们白天前往采访时，没有得到炮台失守的消息，晚上，夜已深沉，交通断绝，也不能前往证实。为郑重计，我们不能贸然发表炮台失守的消息；即使炮台真的失守了，这种长敌人志气、灭自己威风的消息，迟登几天，甚至不登也是可以的。这样在作战的第三天，西报和日本报纸都大登特登，中国报纸却只字不提。但不久事实证明，中国报纸是真实可靠的。我们在第三天下午3时左右，到达了还是屹然不动的吴淞炮台。炮身虽被飞机炸毁，但我们英勇的士兵在海滩上掘了战壕，装上机关枪，三三两两地在一起等着敌人。敌人多次进攻，都被击败。我们的士兵死伤不多，而敌人则遗尸遍地，狼狈而逃。当我们这几个中国记者进入炮台区域视察时，见士兵们在战壕中开着留声机听广东音乐和广东戏，军官们则在小屋内四个人一组雀战正酣。全军从上到下，从容自若，一丝也没有惊慌之状。敌人来送死时，他们喊声“丢那妈”，拿起枪来杀敌，敌退后，却又嘻嘻哈哈地玩。我们看到一个战士骑着小孩坐的三轮自行车，一周又一周地兜圈子玩。他们置生死于度外，横眉藐视敌人自以为了不起的战舰、飞机和大炮。敌人攻了一个多月，吴淞炮台还在中国人民手中。直到最后敌人在浏河登陆，我们的军队才从那里自动撤退。

十九路军和后来加入的第五军，所以能在一·二八抗战中打得如此出色，是同全中国人民的支持与鼓励分不开的。当时已有了中国共产党的领导，因此，一·二八抗战一发生，中国人民，特别是当地的上海人民攘臂而起，大家踊跃地捐钱捐物，支援在枪林弹雨中浴血奋战的爱国将士。复旦大学学生也参加作战。还有个司机胡阿四，他在被敌人抓住、强迫押运武器和日本兵驶往前线的途中，出人不意地把汽车疾驶到海中，和敌人同归于尽。这种惊天地泣鬼神的事迹，在一·二八抗战期间，几乎每天都有，真是记不胜记，书不胜书。中华民族是不可战胜的。

一·二八抗战开始不久，张治中将军率领第五军也到上海参加作战。十九路军的战线主要在闸北太阳庙、天通庵和吴淞等地，其左翼大场等地，因人少不敷分配，极为薄弱，第五军的参加，恰巧弥补了这一缺陷。第五军士兵作战，也极为英勇。他们的战场是在郊区，没有建筑物可资掩蔽，容易遭受敌炮和敌机的轰炸，他们是在更为艰苦的条件下，跟敌人拼死作战。不过，因为他们迟来上海一步，他们的艰苦和英勇，不为人们所注意。他们有时对我表示，好像新闻记者偏心，把宣传重点差不多都放在十九路军身上。其实我们对同为祖国抗敌的将士，不分哪军哪路，都是一视同仁不分轩轾的。我们一方面到蔡廷锴将军的司令部，同时也到张治中将军的司令部；一方面到十九路军的战壕，同时也派人到第五军的战壕，实地采访作战情况。

蒋介石驻在杭州笕桥的空军，虽然微不足道，可是其中有不少飞行员是爱国的青年华侨，他们三五成群特地从海外跑回祖国请求抗战。一·二八抗战开始，他们再也不能忍耐了，就冲破上级的阻挡，驾驶着战斗力远不如敌人的飞机，飞到上海来跟敌机作战，做出了英勇的牺牲。

在3月底的一个星期天，陆诒轮休，到他的家乡浦东去了。沈吉苍有事请假。上午到大场、真茹等一带战区去的采访小组缺人。其他记者都各有规定的采访工作，不便临时改动，我就一个人坐了报馆特约的一辆汽车出发了。司机工友是我所熟识的，他有一个朋友想到前线去看看，要求我准许他搭车同去。我毫不迟疑地答应了。上午9时左右，汽车驰抵大场镇郊外，司机急促地对我说，上空发现三架敌机，问我怎么办，把车停下来，人下车躲避，还是照样向前行驶？我说你快加速开车。话刚说完，几个炸弹已从空而下，都落在我们汽车后面相去仅几步的地方，顿时轰轰地发出爆炸声，泥土飞上天空，又像雨一般地砰砰打着汽车顶。司机吓得脸色如土，像野马般地把汽车向前开去，终于脱离危险，到达了张治中将军的司令部。我们庆幸没有把车停下来，否则我们一车三人定要炸成肉饼了。我们坐车离开司令部，刚出大场镇，司机又嚷道："敌机又来了，怎么办？"我说："停车吧！我们三人分开来。不要在一起，各自掩蔽。"这里是空旷的田野，没有树木，也没有村舍，只有两三个像馒头般的尖顶土坟。我们只能像捉迷藏般地倚伏在土坟上，身子不时旋转，以免敌机发现。敌机在我们周围附近地区盘旋往来，扔了几次炸弹后，转向东去。我就趁机喊司机，快快开车离开这一轰炸地区。喘息既定，我们还鼓起余勇到真茹的十九路军司令部去走一遭，然后才回市区。回到报馆已是中午，饱饱地吃了一顿中饭。但那个想要到前方去探奇的司机的朋友，却吓得接连几天吃不下饭，再也不敢去了。

在一·二八抗战期间，我跟蔡廷锴将军搞得相当熟稔。我在少时，即怀有投笔从戎之志。这时，我诚恳地向蔡提出参加对日作战的要求。不料蔡微笑地对我说："你拿着笔作战，比拿着枪作战还好，还是拿笔跟日本鬼子打仗吧！"蔡在谈笑之中，拒绝了我的请求。我又向区寿年提出，他的态度也跟蔡一样。

我军跟日本侵略者在上海狠狠地打了一个多月，在很多战场上我军占着优势。不过敌方多次增兵、增舰、增派飞机，统帅几度易人。最初的盐泽少将，代以野村中将，后来又换上植田谦吉和白川义则；而中国军队则打来打去，有减无增，打到2月底，依然还是两个军。蒋介石近在咫尺，不发一兵，不发一言，不知心肝何在？只要他存有几分抵抗之心，白川在浏河、杨林等地率军登陆，则不会得逞。

3月3日清晨，我跟同事们又绕道往闸北前线采访战讯。当汽车开入战区，我们没有遇到一个士兵拦车询问，沿途特别静寂。我断定中国军队已于隔夜迅捷地撤退，我们的汽车如再继续前进，可能要跟敌军遭遇。估计情况不妙，我赶快令司机掉转车身，驶出战区。果然，时间不久，就证实了我估计正确，中国军队已不待敌人包围，在昆山一带，机警、神速地另建起坚强的新战线。

战线既转移，我们的采访工作也就发生了问题。我们立即决定，由我和冯肇梁追踪到前线，当随军记者。这时铁路交通业已断绝，我们由苏州河搭坐小汽船拖驶的篷船到苏州。这时最高指挥部设在苏州，而最前线却在南翔、昆山一带，跟仪征接近。我们商定由冯驻苏州跟司令部取得联络，而我则往仪征等地采访最前线的作战情况。我们在新战区的时间并不久，因为这时不抵抗的蒋介石已请英美帝国主义者出任调停；日本侵略者吃了大苦，并另有打算，也想暂时罢手；前线始终处在相持状态，并没有激战。我就先回上海。5月初，蒋介石跟日本侵略者订了停战协定，一·二八抗战就此结束。

随李顿调查团到东北调查

我从前线返回上海时，上海的新闻记者正忙着另一方面的采访工作。原来国际联盟于1931年12月成立的调查团，并未立即启程到中国来进行调查，致使日本帝国主义者侵占哈尔滨之后，于1932年2月，宣布组织以溥仪为“执政”傀儡的“满洲国”，这是想假借东北“民意”来对付国联的调查团（当然，伪满的成立，对日帝来说，还有其他重要的作用）。调查团见形势如此多变，不得不于3月间经过日本到上海。这时伪满洲国已于3月9日在日本关东军导演之下在长春宣告成立了。

这个国联调查团以英国的李顿爵士为团长，另由法、德、意、美四个国家，各派一人为团员，一共五人组成，因以李顿为首，故在报纸和有的文件上，多称之为李顿调查团。

蒋介石起用了顾维钧，组织了约七十人的所谓李顿调查团中的中国代表团，以顾为团长。这个中国代表团实际上就是一个招待团。这个代表团十分谨慎小心地把李顿等当作西天如来佛那样，从上海招待到南京、汉口，又从汉口招待到南京、北平，一直跟到东北。

调查团到了上海，就跟英国大使蓝浦森会合在一起，调停在上海进行的中日战争。英帝国主义者想乘此机会坐收渔人之利。他们想把上海完全置于英国卵翼之下。这种企图不符合日本帝国主义者独吞中国的野心，自为日本所反对。所以后来虽然停战协定签字了，英帝国主义者始终没有从日本方面得到什么好处。

国民党反动派自然不欢迎记者跟着李顿调查团一起到东北去调查。以顾维钧为首的中国代表团约有七十人之众，可是全中国的新闻记者只有二人准予参加，一个是《申报》的戈公振先生，另一个是我。我本只代表《新闻报》，可是北方的《大公报》《京报》和《益世报》，都向《新闻报》馆要求我把此行所写的稿件，同时也供给他们刊用。我以为这是一种抗日的宣传稿，报馆与报馆之间没有竞争的必要，为了扩大抗日反侵略的宣传，谁要这种稿子，我们就应无条件地供给他们。因此，实际上这一次我所代表的就不只《新闻报》一家。

李顿调查团不久就在中国代表团陪同之下，搭船由水路到南京，我和戈公振也跟中国代表团一同前往。李顿到南京的目的，不过是和蒋介石、汪精卫等见见面，顺便观察一下蒋、汪等的态度，以便为起草调查报告时作参考。在南京停了二三天，再溯江而上到汉口。在这一段旅程中，我和戈公振、朱少屏等时常在一起晤谈。朱是上海寰球中国学生会的总干事，是上海的老牌社会活动家，我们都很熟稔。他虽是中国代表团的正式成员，我们是新闻记者，但彼此之间毫不拘束，讲话也极随便。有一天，朱跟我们谈话时，偶然透露李顿的一只放文件的箱子一时找不到。这不是一条大新闻，而且对中国来说，也不是一条好新闻。所以尽管朱是言者无心，我是听者有意，但我并没有把它拍发电报在《新闻报》上发表。可是《申报》却把它发表了。李顿的文件箱并没有遗失，而是混在许多行李中，后来也找到了。这件新闻虽然小，却害得负责招待旅客的中国旅行社在报纸上接连刊登了几天大字的更正广告。我在多年新闻采访的实际工作中，逐渐学会了新闻取舍和证实方法。后来，当李顿调查团将到达东北日本占领地区时，李顿感觉不适，身体发烧，我主张这一消息可不必发表。因为不管日后李顿调查团所作报告的结论怎样，中国人民终是希望调查团能到东北进行公正的调查，而日方则是千方百计地阻挠调查。所以，如果发表这一消息，正中敌人下怀，而非中国人民所希望的。大家认为我的意见对，对这一消息相约不发表。果然，李顿之病不过舟车劳顿，服了药，稍经休息，也就好了。

李顿调查团在汉口略看了一下，耽搁两三天，仍坐原船回南京。在南京不再停留，舍舟登陆，由浦口搭专车直趋北平，在北平，李顿调查团停留了好几天，由李顿等跟日方人员商讨到东北去进行调查的各项具体办法。日方人员多方刁难，推托东北的“匪”太多，保护困难，对调查地点和人数提出种种限制，特别反对中国代表团前去。即使要去，全团人数也要大大削减。起初日方只同意中国代表团人数不得超过现有人数（约七十人）的三分之一，经一再抗议，日方始让步为中国代表团的人数为现有人数的二分之一，即约三十人左右。中国代表团无法，只好把全团人数大减特减。我间接地向代表团表示全国新闻界在代表团中只有两人，业已少得不能再少，绝对不能再减。代表团的主要负责人想了一想，觉得这确是事实，不能再减。这样，我和戈公振仍留在中国代表团内，跟着李顿调查团一同来到业已在日本侵占下的中国自己的国土。

李顿调查团和中国代表团的全部人员到沈阳以后，由日方把我们安顿在大和等旅馆内。日方以保护为名，公开派大批日本特务监视我们，在旅馆内也上上下下地密布了特务网。只要中国人一出去，他们就毫无顾忌地检查人家的东西；对外国人住的房间，则稍有顾忌，他们只是偷看。从李顿起，调查团中的每一名委员，日方都派四个特务监视。对中国代表团团长顾维钧也有四个特务监视，每一团员有两个特务监视。日方对我特别“器重”，他们以我排日有名，也派了四个特务监视。我虽是一个记者，每次坐汽车出外时，前面司机旁坐一个特务，我的旁边也坐一个特务，汽车前面有一个特务驾驶机器脚踏车为我开道，汽车后面也有一个特务骑着机器脚踏车紧紧追随。前呼后拥，好不神气，我的地位立刻提高到跟顾维钧、李顿相等。

有时，我故意跟监视我的四个特务开玩笑。出门时，我拒绝坐汽车而坐黄包车。原来跟我一起坐汽车的两个特务，也只好改坐黄包车，原来驾驶机器脚踏车的两个特务，只好减低速率，牛步化地跟着我走。有一次我在途中出其不意地令黄包车停下来，把手中早已预备好的车费交给车夫之后，就迅捷地走进一家百货公司，从前门进，后门出。这四个日本特务一时来不及跟着我走，百货公司的顾客多，在人丛中找不到我，又在外面东寻西找，也未发现我的踪迹，一时惊慌失措。当我回到旅馆，乘上电梯时，中国司机四顾无人，低声对我讲："先生，你可小心点，日本特务刚才在四面找你。"我谢谢他，对他说："不要紧，只要他们知道我已回来了，就能安静下来。"这种玩笑只能偶然开一两次，搞多了，特务们会恼羞成怒，就会给我的工作带来不利。

日本在日文报纸或日本人办的中文报纸上公开称我为排日记者。我到沈阳的第二天，日本的报纸就刊出了排日记者顾执中又到沈阳的消息。有一天，戈公振独自一人悄悄地跑进沈阳城去看看张作霖、张学良等昔日居住的地方。次日，不知无意还是有意的，所有日本报纸都以显著的标题，张冠李戴地刊载着排日记者顾执中昨日偷窥沈阳内城的消息。中国代表团中人，看到这条消息，都为我捏一把汗。我当然也有些惊讶，而且感到前途确有些危险。不过既已到了如此地步，也只好泰然处之，小心谨慎是需要的，心惊胆战又是无益的。

在这种极度恶劣的情况下，我采访消息和搜集资料是非常困难的。我必须进行得极为秘密。在特务的重重监视之下，我表面上看来是在购买东西、理发、刮胡，实际上无时无刻不在执行我的任务。我不怕得不到资料，在这种环境之中到处都是资料。问题是我的脑袋太小，怎能把所有的东西，没有遗漏地强行记下来呢？记不下来，就必须写在纸上。这些纸虽然不多，放在什么地方呢？小皮箱、皮包，甚至我身上的衣袋，都不是安全稳妥的地方。那时日本人对英美人还有些顾忌，恰巧在中国代表团中有两名美国顾问，一名胡赛

（Hussey），一名端纳，也跟着我们一起到了东北。我想来想去，只有把我写的秘密的东西，放在胡赛或端纳的箱中，锁起来，托他们照顾一下，这样可能好一些。主意既定，我先向胡赛提出请求，并说明理由。胡赛完全同意我的请求，他把大箱子的一个钥匙交给我，使我即使在他不在的时候，也可以随时使用他的大箱子。

我在上海从不逛妓院，现在到了晚上却同代表团中的两三个朋友逛起沈阳的窑子来了。这一举动使日本人看了非常放心。他们巴不得我们生活腐化。我们腐化是他们安全的保证。可是他们却上了我们的当。我们事前托人通知我们在沈阳的可靠朋友，代我们搜集资料，约他们到妓院中来交卷。起初，跟我们同到妓院去的日本特务，到妓院后，就在房外等候，让我们进房去和陷落在火坑中的几个可怜妇女说笑一阵。就在这时候，我们约好的预先到达的朋友，抓住机会，在刹那之间，把准备好的东西不动声色地交给我们。这种玩意儿搞了几次之后，日本特务对我们又不放心了。他们不客气地进了房，陪我们一起说笑，不肯离开我们一步。我们见势不妙，也就改变了办法。这种逛妓院的行动，老成持重的戈公振先生没有参加。也许有人以为这种举动会破坏中国代表团的名誉，却不知道我们正在艰苦地进行工作。

可以随便举出一个例子，以说明当时我们在东北工作的危险性。一天下午，我偶出房门，步行到楼梯旁闲眺风景。突然看见有人进旅馆大门，不旋踵已走到石阶。我一看，原来是一个我熟识的在邮局工作的姓王的朋友。他在报上看见我到了沈阳，就十分冒失地跑到旅馆中来看我。我看见旅馆四周满布日本特务，急忙在楼上向他摇手，表示要他快走。但他丝毫也没有察觉，仍高高兴兴地走上楼来。我见了他，对他说这里日本特务很多，快走！快走！他听了我的话，转身下楼，却已迟了。他一走到大门口，我从楼上亲眼看见他被两个日本特务抓去。约一年后，我在上海，他的儿子到《新闻报》社来看我，说他被日本人抓去，关了半年多，受尽拷打和折磨，释放后，惊悸成疾，医治无效，不久就逝世了。

在沈阳住了一星期多，听说李顿调查团还要到长春、哈尔滨等地去调查。我考虑了一下，以为我对于日寇在东北制造伪满洲国以及其他侵略中国的罪行已经获得一定的资料，必须尽快向中国人民揭发，没有跟李顿调查团乱走一阵的必要。于是我突然决定离开沈阳。这一举措，完全出乎日本特务的意料之外。在从沈阳到大连的火车上，我发现竟没有日本特务在监视我。到了大连时，才有一个当地的日本特务来跟着我。

我在大连码头徘徊了好久，遍寻有没有开到天津去的轮船，都说没有。最后，我找到一只正要开行的装货的陈旧不堪的小船，它不载乘客。我要求上船，付了二十元的船资，获得了同意。这只船连一间房舱都没有。船开行时，一阵微风吹来，船就吱吱地响，船身好像要裂开一样。途中下了一阵小雨，淋得我衣履皆湿。船行大海，宛如风中之烛，我急于脱险，就顾不得许多了。

我乘坐的这艘船，未遇大风大浪，平安地到达塘沽。一上岸，我如获重生，立即搭火车到天津，在法租界的国民饭店开了一个房间。三天三晚，足不出户，在房中整理资料，聚精会神地写了《东北吁天录》。我把日寇九一八以来的侵略、在东北制造伪满洲国以及残酷地蹂躏东北人民等事实，都写在里面。稿成，又复写五六份。上海的两份，一份给《新闻报》，一份给《申报》，先由邮局以快递寄出。两日后，我以另一份寄给北平的《京报》。三日后，我以另两份送给天津的《大公报》和《益世报》。这样，我估计这五家报馆可以同时收到我的稿件。在报纸上可以不分先后地同时发表。当我的调查稿在上海、北平、天津等几家大报上发表后，社会上极为重视。不久，上海的新声通讯社把它印成专书在市上发售。但我对自己所得到的一本，没有保存好，现已不知失落何处。

李顿调查团在东北待了很久，到1932年的10月间，才发表它的报告。报告的结论毫不掩饰地承认了日本在我东北国土的优先利益，同时主张门户开放，使英、美、法等帝国主义者也都能分尝一脔；报告的结论虽然对伪满洲国也表示反对，但却荒谬地主张成立满洲自治政府，不但要有日本帝国主义的顾问，同时也要有英、美、法等帝国主义国家的顾问；报告的结论虽然主张解除日本在东北的武装，却明目张胆地主张组织国际宪兵，由各国派兵参加。这说明日本固然是放火杀人的强盗，英、美、法等帝国主义者也都是趁火打劫的土匪。李顿调查团对东北进行调查的企图，跟英、美等在一・二八上海战事中出面调停的企图，原则上是完全一致的。英、美、法等帝国主义者，梦想先跟日本强盗坐在一起分赃，然后又希望日本在中国东北的军队乘机进攻苏联。

民权保障大同盟

1933年春天的一个晚上我收到了一份请帖。具名邀请的是中国民权保障大同盟，开会地点是静安寺路东首跑马厅对面华安饭店，时间是下午。陆诒也收到了这样的请帖。我是以新闻记者的身份被邀参加这次会议的。

那时国民党叫嚷着党外无党，党内无派。除国民党外，别的党派是不准许公开存在的。因此，我对民权保障大同盟之敢于批逆鳞，公开地在上海出现，十分重视。开会时，主持会议的是宋庆龄同志，接着，杨杏佛、沈钧儒等同志也发了言。从宋起，发言的人对中国人民的民权毫无保障的情况，例如一个人可以随便被抓走、被杀害，极为愤慨。大家都认为这是一个独裁的国家。《申报》《新闻报》的主持人史量才，在济济一堂数百人的大会中，慷慨陈词，痛陈民权之被摧残，报纸之受迫害。他说《申报》被扣报好几次，最近一次已扣了两三个月，多次派人到南京请求解禁，迄今多时，依然置之不理。因为他举出的都是些具体例子，听者动容。这一天的消息，虽被国民党反动派封锁，因参加者相当多，尽管报纸上没有只字披露，却几乎等于家喻户晓。

不久，该同盟的地方组织开会，我和陆诒都被推为上海分机构的理事。在几次开会以后，我逐渐地认识了沙千里、章乃器、胡子婴等同志。因为我们的活动都在上海租界，而且极为秘密，领导人又为孙夫人宋庆龄同志，反动派对此颇感棘手，表面上假装不知，暗中则卑鄙地进行着阴险毒辣的杀人勾当。

那时候，蒋介石组织的蓝衣社正在十分猖獗地活动，专对进步人士特别是共产党员进行迫害。殴打、绑票、失踪和暗杀是他们的拿手好戏。他们知道民权保障大同盟的实际工作负责人是秘书长杨杏佛，便对杨下毒手，1933年6月18日，一阵乱枪把杨打死在上海的法租界。蒋介石以为把杨打死，民权保障大同盟就可烟消云散，哪里知道，在中国共产党领导之下，全国各地掀起了比民权保障大同盟声势更浩大、波澜更加壮阔、几乎每一个爱国的中国人都参加的救亡运动。

曾在大众面前于华安大楼公开痛斥蒋介石的《申报》主持人史量才，也于1934年11月被蓝衣社分子暗杀于沪杭公路。

十九路军在福州成立人民政府

1933年11月，以蒋光鼐、蔡廷锴为首的十九路军，在福州反蒋独立，宣布成立人民政府。上海人对十九路军有着深刻的印象，因而对这一次的起义极为注意。蒋介石对日寇奴颜婢膝，不敢抵抗，但对打内战却特别起劲。十九路军一宣布起义，他就集中军队于浙南，准备向福建进攻。

我主张我和陆诒同乘飞机到福州，停留一下后，陆诒长驻福州，我则搭机赴广州和香港以观察全局；另派沈吉苍随军于蒋介石的军队中，以了解蒋的军事行动。这一布置得到报馆同意后，我和陆诒就从上海搭飞机到福州，去拜访蔡廷锴将军。

在上海一·二八事变中，我们不时跟蔡将军见面，彼此还算熟稔。蔡听说我们从上海飞来，也很高兴，设宴欢迎我们。席间，蔡向我们表示这一次反蒋的决心。

我们到达福州的时候，约在1933年12月初。那时福州城内外悬旗结彩，庆祝起义，到处是一片新气象。街上满是行人，十分热闹，

福建人民政府为顾执中所开前往广州的通行证

十九路军起义时向全国人民声明建立中华共和国人民革命政府，十九路军新改为人民革命军第一方面军第十九路军。据发表的消息说，参加这一反蒋运动的，除福建外，还有广东、广西以及其他方面的力量，范围相当大。不过我在福州住了几天后，觉得这一新组织的领导人跟中共在政治和军事方面的联系不够。我们跟蔡几次会晤，他始终没有提起这一问题。十九路军作战勇敢是大家知道的，但单凭勇敢还不能使战斗一定获得胜利。12月7日，我搭飞机离开福州到广州。我到广州的目的是要观察一下到底南方各省对福州新组织采取什么态度。使人灰心的是，我觉得种种迹象表明广东和广西等方面不是积极响应十九路军，大部分是在袖手旁观，坐待成败。我又从广州搭火车往香港，上妙高台去看胡汉民。我与他晤谈两三次，觉得胡虽然也反蒋，可是对福建的态度并不十分热烈。从各方面看来，一方面十九路军既跟中央红区没有什么具体的联系，另一方面所谓参与这一新组织的广东、广西等省，也并没有什么积极的表示，加以蒋介石反共反人民，总的说来，福建方面的前途，不是十分美妙。

果然，蒋介石的军队于1934年初从闽北攻入了福州。这一新组织仅如昙花一现，为时极短，归于幻灭。值得钦佩的是，蒋光鼐、蔡廷锴将军等在军事上虽然失败，但反蒋反独裁的决心始终没有变更，获得了全国人民的支持。

我参加了抗日救亡工作

1934年1月3日，我和欧阳恺丽在南京结婚，当时我已三十七岁。婚后约一个月，我俩从上海出发到欧洲各国作考察旅行。我们路经中国香港、新加坡到了法国，再由法国到英国、德国、瑞士、意大利、奥地利、捷克、波兰、苏联、丹麦、美国、日本，然后于1935年9月底由日本回到天津。离开祖国已经一年半时间，我很快了解一下华北情况后，就回到上海仍任《新闻报》的采访部主任。

我回到《新闻报》馆不久，就参加了上海各界救国联合会的工作。记得第一次小组会议的地点是在南京路的沙利文咖啡馆。这个咖啡馆当时是高级消遣场所，收费也高，每当中午和下午三四点钟，外侨和那些所谓高等华人都涌到该处去吃饭或喝咖啡吃冰激凌。救国会小组选择该处作为开会地点就是为了掩护自己。为了同样的理由，救国会举行人数比较多的会议，有时在静安寺路的功德林素菜馆，有时在霞飞路嵩山路的功德林素菜馆，有时在沙千里同志的律师事务所，有时在民治新闻专科学校，有时在史良同志的家里，有时在环龙路的一家俄国菜馆里，这样使特务分子难以捉摸。第一次会议的时间大约是在下午3时，形式上是我们七八个人坐在那里嘻嘻哈哈地喝茶闲谈，但实际上是讨论关于抗日救亡运动的宣传工作。会议主持人是王造时，会议结果由我负责与上海的新闻界取得联系，特别是跟英、美、法、苏等驻上海的外籍记者取得联系。那时国民党反动派控制着全国报纸，在距离望平街区不远的地方也设立了一个新闻检查处，所有在翌晨各报上发表的新闻，都要经过严格的检查。检查结果有的新闻盖着“免登”的戳子，不准发表，有的新闻只准局部发表，被改得不三不四，不像样子；有的新闻被改头换面，以假乱真；而关于救亡运动的新闻，照例是被扣留，不准发表。在这种情形下，为了打破国民党对于抗日救亡运动新闻的封锁，我就充分利用了当时为反动派无法控制的外籍记者，使每一件较大的抗日救亡运动的消息，都能不费分文地经过这些外籍记者之手，拍电到国外各地报馆，使中国人民轰轰烈烈进行革命斗争的消息，公布在世界各地人民的面前。

这样，每当一个大运动发生前的一两个小时，我就用电话通知我所熟稔的外国记者，由他们自己去采访消息，其中联系得比较多的是美记者鲍威尔和《字林西报》的英籍记者汉斯。他们也有各自联系的同业，也都争着去采访，把消息传播开去。这批外国记者对于我的这种做法非常感激，每当他们获得其他方面的重要消息时，也往往在深夜打电话通知我，作为答谢。

救国会的同志举行重要会议时，经常以聚餐的方式来进行。沈钧儒、史良、邹韬奋、李公朴、沙千里、王造时、章乃器、胡子婴等和我，大约十人，围圆桌而坐，且谈且吃，表面极为自然，服务人员完全看不出我们是在讨论救亡大事。救国会的领导人对每一斗争，只作原则上的决定，具体的办法，交执行部进行。我是上海各界救国会执行部的总干事。领导斗争的指挥部由胡子婴负责。救国会理事会一作出决定，胡等即在民治新专举行会议，把具体的办法通知各基层同志，分头负责进行。根据这样的过程，每一运动从开始到结束，至少要两星期，有时将近一个月，似乎不够灵活，难以适应突然发生的变化；可是准备得却十分缜密而周到，常常可以收到预期的效果。

在我未暴露我在救亡运动中的身份以前，我常作为记者，到公共租界的总巡捕房去探听在斗争中被捕的同志的情况，他们将遭遇到何种处置。如果要解法院，我就探明捕房要根据哪一条法律起诉，把情形报告给理事会。理事中沈钧儒、史良、沙千里等同志，都是上海的名律师，他们就可以在事先有充分的准备，在法院开庭审讯时，为因爱国而被捕的同志进行辩护和设法营救。1936年6月，上海群众在北火车站举行大规模的请愿运动，我暴露了自己的救国会的身份，不便再到捕房去进行采访活动，就委托《新闻报》采访科专负责捕房消息的同事蒋宗义，请他探听被捕同志的消息。蒋是帮会中人，还有爱国之心，对我和陆诒等从事的救亡工作，给予不少帮助。

纪念五卅大会

1936年5月30日下午，党领导下的上海各界救国联合会在上海市总商会举行了一个追悼五卅烈士的大会。那时要公开举行这样的追悼大会是有困难的。可是救国会的领导者运用灵活的战略战术选择了总商会这个地方开会，使国内的反动派和租界的帝国主义分子都难以施展压迫手段。原来上海市商会位于河南路桥（又称天后宫桥）北堍，它东临北河南路，南临蓬莱路，西临山西路，北临北苏州河路。东西南北四面都是租界区域，但在法律上这一小块市商会以及天后宫庙所在的土地属于中国区域。除便衣者外，所有租界的巡捕和其他一切武装组织都不得进入大门一步。在当时情况下，这是一个比较理想的召开大规模群众集会的场所。

这时距离发生五卅惨案的1925年，已经过去十年多了。因此，召开这次大会大家心里都很明白，不光是纪念五卅，而是在鼓励中国人民起来反抗日本侵略者和反对国民党政府的卖国政策。

我在大会举行前，从《新闻报》来到市商会，静静地观察情形。

我发现在络绎不绝前来参加大会的人群中，夹杂了不少便衣侦探，其中有的人是我认识的，例如公共租界总巡捕房专管探听罢工和群众运动消息的薛子良和古伟青等。有的穿着中装，有的穿着西服，斯斯文文活像教师或学生模样似的混进了会场。

大约4时左右，大会结束。主席团号召到会群众散会后步行到闸北五卅烈士公墓去祭吊五卅死难烈士。群众迅速地以四人为一行，浩浩荡荡地步出大门。门前已有公共租界的武装部队在等候着我们，他们气势汹汹地列成横队，阻止我们前进。这些武装部队大部分为英国人，也有一部分是被雇用的白俄和中国籍巡捕。他们手握步枪、手枪和警棍。他们的旁边还停着几辆救火用的皮带车，预备用自来水喷射群众，还停着几辆红色的顶上架着机关枪专为抓人用的铁甲车。他们都像凶神恶煞般地对付手无寸铁的群众。

那时我看见沈钧儒、王造时、李公朴、史良、章乃器等同志都站在队伍的最前列，他们一再向公共租界的武装队伍提出最强硬的抗议，要求让群众队伍走出大门，由北苏州河路折向北河南路然后进入华界闸北的宝山路到达五卅公墓。这些全副武装的帝国主义爪牙自然拒绝，要求群众赶紧解散，分头回去。这当然也为我们所拒绝。我那时遵照沈钧儒等同志的指示，以英语向为首的英籍捕头提出警告，如果帝国主义分子胆敢阻挠我们前进，我们将不到宝山路去，而要势不可当地进入南京路，那时如果造成第二次五卅惨案，应由这些英国人负完全责任。我问英国捕头：敢不敢担负起这种重责？这个捕头率直答复我，他是奉命这样做的，至于是不是会造成第二次五卅惨案，他在所不论。我对他说，他应该把这种情形报告上级，请上级做出决定，他说我可以直接跟他们的指挥者谈话，他不便于跟上级这样讲。我问他指挥他们的上级是谁，他说是副总巡哀阿史，并告诉了我电话号码。我就在电话中跟哀阿史通话，我警告他形势是严重的，如果租界的武装部队蛮不讲理地不准群众进入宝山路，群众就会闯入南京路，我问他有没有办法可以阻止流血惨案的发生？我劝他还是让群众整队经北河南路进入宝山路比较好。他表示同意我的意见，不过要求我们不得扰乱秩序。我说我可以把他的意见转告主席团，请他在电话中暂待，于是我放下电话机，奔出借打电话的商店，跑到沈钧儒那里汇报情况。沈认为我们的目的已经达到，可以同意。我于是再由电话答复哀阿史，并要求他在电话中向负责捕头发布命令，要他们让开一条路，让群众列队向目的地前进。哀阿史同意了，他请我去喊捕头听电话。我于是再放下电话，奔出商店，找那个捕头听电话。一两分钟后，该捕头颓丧地走出来，命令他所率领的全副武装部队向大门两旁后退，群众就雄赳赳气昂昂地列着长队，走出市商会的大门，进入北河南路，并安全地走入华界的宝山路。那时国民党反动派的军警，看见我们已胜利地冲了出来，他们再也没有胆量来跟我们较量了。

从这次事件后，租界捕房中的西籍特务组长劳勃生以及薛子良、古伟青等都注意了我，我已经暴露了身份。虽然我还常常以逛跳舞场为掩护，可是收效不大。

领导上海北站的群众请愿

1936年6月20日晚上10时左右，沈钧儒先生到《新闻报》馆来看我。这时正是我工作最忙的时候，我估计他在这时到来必有要事。果然我们见面后，他就告诉我，救国会已发动群众于明日上午8时起到北火车站要求到南京去请愿抗日。这一行动本应由沈先生和史良、王造时、邹韬奋、沙千里、李公朴、章乃器等来领导，但因上海市长找了他们谈话，要求他们不参加也不领导任何救亡运动。为了更好地从事战斗，他们就要求我出面领导，特推沈先生来跟我接洽。我当时颇感突然，毫无思想准备。我自知能力不高，如像以前那样在斗争中帮助沈先生做些辅助工作，我是可能胜任的，如要我独当一面领导一个运动，那是很困难的；此外，我还有一种想法，即我以为假如我暂时不完全暴露真相，利用我在新闻业务上的活动在暗中帮助抗日救亡工作，可能成就更好些。于是我就率直地向沈先生陈述了我的意见，并请他另找适当的人。沈先生诚恳地告诉我，他们对这一问题也考虑了很久，除我外，想不出其他合适的人，并且时间已晚，难于变更原定计划。我固辞不获，只好大胆地承担下来。我问沈先生明天救国会可以动员多少人参加这一运动，他说约有六七千人，我觉得人少一些，不过这时距行动时间已不到十小时，时在深夜，行动诸多不便，只好就这样做。沈先生跟我分手时，已11时半。这一夜我因为心里有事，只睡了两三个小时。

21日早晨不到7点钟，我来到北火车站，看见群众已是三五成群陆续地到来。我进入车站后，才知道除我外，还有一位年轻的女学生和年岁比我大的诸教授跟我一起执行这一天群众运动的指挥工作。我们临时开了个会，研究了这一天活动的具体步骤。我们一方面指挥群众进入月台，把守住火车，同时向车站当局交涉，要求开驶专车把上海的群众运送到南京去请愿抗日。车站当局自然以要向上级请示来搪塞我们。我们一方面在车站等候答复，同时群众纷纷在车站高呼抗日口号，分头演讲。这一天车站内外人山人海，拥挤不堪，铁路交通完全断绝，没有一辆火车进站出站。我们的队伍浩大雄壮，反动派的军警瞠目木立，束手无策。

我们在北火车站从清晨坚持到中午，又从中午坚持到傍晚，始终坚守阵地，群众也愈聚愈多，震动了全上海。直到下午5时后，沈钧儒、史良、李公朴等领导同志赶到车站，携带许多食品慰劳群众。他们认为这一请愿运动在北站坚持了一整天，已经达到抗日救亡宣传工作的预期效果，可以乘胜结束，我们遂分别通知各单位群众组织散队归去。

当群众在北火车站举行请愿运动时，租界和华界的便衣特务都闻风而来，古伟青等看见了我就对人说："咦，原来是顾执中在里面搞……"多年来大家只知道我是一个新闻记者，这次，我完全暴露了身份。事后，不到一天，有一个在车站工作的民治新专姓施的同学告诉我，国民党的两路特别党部在请愿的当天，以急电报告蒋介石的侍从室，说指挥请愿运动断绝上海与各地铁路交通的是顾执中，顾执中是共产党。至于和我在一起执行指挥工作的女学生和老教授，他们不认识，就没有列入。

从此，无论是租界的捕房、华界的国民党反动力量方面，以致《新闻报》馆的同事们，都知道了我的政治态度。这给我以后的救亡运动工作增添了不少困难。

我参加了国难教育社

约在1936年春，久为国民党反动派通缉，长期流亡国外的陶行知，也在上海的救亡运动行列中出现了。陶原名知行，在南京创办晓庄师范，1930年被蒋介石封闭，逮捕多人，陶仅以身免。这次回国，他认为自己的名字起得不好，于是就把原来的知行两字颠倒过来，改为行知。

陶是美国留学生，但他不穿西装革履，只穿布衣布鞋，生活十分朴素。他的脸略带方形，身材适中，显得十分结实。他的讲话通俗易懂，说理清楚，既严肃，又有风趣，群众很爱听。他除了参加救亡运动外，还提倡新文字，主张使用拉丁字母汉语拼音。他在教育方面的改革主张，遭到国民党政府的仇视。

不久，陶在上海发起组织国难教育社，邀我参加。成立大会在四川路的基督教全国青年协会举行。帝国主义曾经利用基督教和天主教在中国进行侵略活动，但基督教徒中不少人都热爱祖国，如刘良模、吴耀宗等后来都成为救亡运动的中坚。因此，当我们工作中有困难，不可能借用其他机关开会时，我们就很自然地借用基督教的地方来召开会议。

大会由陶主持，我也被推为主席团的成员之一，并讲了话。选举结果，我当选为理事。理事会开会时，我又被选为常务理事和宣传部长。宣传部下面成立了一个宣传委员会，我记得委员有张仲实、戴白韬和我的弟弟顾用中等。我们在霞飞路后面的川菜馆举行了几次宣传会议，决定出版一种刊物，我任总编。这个刊物出了几期后就停办了。

吴铁城破坏九一八纪念大会

1936年9月初，救国会的领导同志开会商讨怎样在9月18日举行纪念九一八敌人侵略我国东北国土的群众示威大会。当时有人说市长吴铁城希望这个会不要在租界内举行，也不要在热闹的地点举行，以免发生意外，最好能在沪西的漕河泾区域举行。我认为漕河泾地处偏僻，离上海的中心区极远，在那里举行纪念九一八大会意义不大，而且使人一望而知，救国会对于抗日救亡的运动已处于消极后退状态，在政治上是不利的。我极力反对，主张不接受吴铁城的“指示”，但报告人吴市长长、吴市长短地说个不停，说吴市长如何请他们吃茶吸烟，如何招待他们吃饭等等。大多数人由于缺乏经验主张接受吴铁城的意见，我心中气极。我想我不是不认识吴铁城，而且比他们更熟稔，我们搞救亡运动，就不能对这些人妥协，因此，我仍孤独而坚决地表示反对，不过到会的人还是以多数的意见通过同意吴的建议。我心中十分气愤，就离开了会场。

在九一八前几天，一天上午我在民治学校突然接到救国会的电话，要我立即去史良同志家中参加一个会议。那时我正在中学上化学课，我只得放下课本，请我的长子震潮代课，我就坐了人力车奔向史良同志家中。入门后，沈钧儒、史良、王造时、章乃器、李公朴、邹韬奋、沙千里等同志都已到达，在等待开会。这次开会的原因是吴铁城突然反复，他出尔反尔地不赞成我们在漕河泾开会，希望我们改到南市小东门十六铺一带去举行纪念九一八的大会。我对吴提出的地点，当然还是坚决反对。我激昂地说明了许多理由，同意我的意见的有王造时和史良同志。

九一八那天，我心中特别感觉沉痛，没有参加那个大会。可是我下午1时左右到了《新闻报》馆后，仍关心这个大会，感到极度不安。1时半，采访科的沈吉苍来了，我就派他到南市小东门十六铺一带去采访有关九一八纪念会的消息，并且再三地嘱咐他万一有事情，立即用电话通知我。

在下午4时左右，我突然接到沈吉苍的电话，他告诉我说国民党反动派出动大批军警和便衣特务，阻止群众开会纪念九一八，并趁群众不备的时候，突然下令向群众进攻，多人被捕和受伤。不久，陆诒也回到报馆，把国民党反动武装部队破坏纪念九一八大会和打人抓人的情形，详尽地告诉我们。他说他亲眼看见一个女学生被殴打后逃到一家店铺的楼上，便衣特务追上楼去，抓住了她的头发使劲毒打，把她打得遍体鳞伤，几乎昏过去。粗略估计，被打伤的人至少在三十人以上。我闻讯之下，不禁喟然长叹。原来吴铁城一再要求救国会到漕河泾或南市去开九一八纪念大会，目的是在阴谋破坏这个大会和镇压爱国人民。可见我们对反动派要保持高度警惕，不能有丝毫妥协让步或软弱的表示。

9月19日下午2时，救国会的领导同志又在环龙路的环龙饭店（俄国菜馆）二楼开会，我也被通知参加。这天我到得很早，我跟邹韬奋同志单独谈话，主张严办吴铁城。邹表示救国会还可以利用杜月笙，我以为对杜月笙这样的人，要谨防反被他利用。不久，正式开会了，大家对昨天下午的情形非常愤慨，主张立即向国民党政府提出惩办吴铁城等五项要求，通过了相应的决议，并决定在报刊上公开声讨国民党。

红格尔图和百灵庙之行

1936年11月中旬，日本帝国主义从察哈尔西境向绥远的东部发动进攻。我看绥远局势已发展到极度紧张的时期，就向报馆提出由我偕同沈吉苍赶往前线，采访有关绥远抗战的消息。《大公报》等其他报纸早已对此做了布置，《新闻报》社当然同意我的意见。我们从上海坐火车到达北平，在北平我们置办了一些御寒用品，同时我也跟《新闻报》驻北平的记者耿坚白约定，我如有通讯稿和照片等寄到北平，就请耿立即由航空寄往上海，因为前方无法航邮，这种办法虽然多了一道手续，可能比从前线直接寄往上海还要快些。

我们于11月22日从北平坐平绥路火车向绥远前进。火车是夜间出发的，在寒夜里，火车驶出长城，天色微明时到达集宁。我们一下车，提着简单的行李，在车站附近一家破烂不堪的客店里洗了脸，吃了一些东西，就到集宁郊外的部队去采访消息。

那时傅作义部队的总部在绥远省城的归绥（即现在的呼和浩特），根据一般新闻采访惯例，我们应该先到归绥去。可是我想《大公报》等报社早已派人到了归绥，我们赶到那里，已经迟了一步，同时这时的战事的重心已在集宁以北地区，我们先在集宁采访，然后再到归绥去，可能收效要好一些。

当时在集宁方面作战的，主要是骑兵司令赵承绶的部队。我们到了师部，说明来意，受到了师部极大的欢迎。他们看见我们为了宣传祖国的抗战，不辞劳苦，从上海远道来到北风凛冽的朔北，这对他们是个极大的鼓舞。他们当天设宴招待我们，从师长以至参谋都参加了宴会。我们在部队里住了一夜，翌晨天刚明时，我们就听到了我们的部队跟敌兵作战，大获全胜，一举攻进红格尔图的消息。我们就请求搭乘部队汽车驶往前线视察，这个请求很快就得到了部队的同意。

1936 年 11 月在百灵庙战场所摄

红格尔图这地方是个小镇，它在绥远的东北边境，逼近察哈尔。我们乘坐一辆部队的小汽车在朔风中向北驶行。从早上9时出发，途中停下来吃了些东西，也躲避了几次微不足道的空袭，在天色快要黑下来时，到了红格尔图。我们在战壕中向战士们搜集了些对敌作战的材料，并拍摄了二三十张照片，又和当地居民作了简单的谈话。在这短短几十分钟谈话中，使我们大感惊讶的是红格尔图的居民几乎都是天主教徒。很早以前，已有比利时的天主教神父到这里来传教，把当地居民全部发展入教，他们有自己的行政组织，还有几尊土炮，以防御“土匪”。在这远处祖国北部穷乡僻壤之区，我们看到了帝国主义传教士的用心。

从红格尔图回到集宁，略事休息，我们就把收复红格尔图的胜利消息，一方面拍电报，一方面写了详细的通讯稿，经北平转寄给上海。从九一八以来，敌人步步进逼，国民党步步退让，很少抵抗，全国人民极为悲愤和痛心，这次我们的军队坚决与敌奋战，取得了胜利，收复了红格尔图，尽管这是一个小胜利，却大大地鼓舞了士气，使人民扬眉吐气，感到无限高兴。

从红格尔图回到集宁后第二天（11月25日），我们又得到我军在百灵庙作战胜利的消息，同时听说傅作义将军也从归绥来到集宁，和集宁的部队负责人商讨作战问题。我们便在当天上午去看望傅作义，要求搭乘他所坐的那列火车同去归绥。

傅同意后，我们就跟傅在11月26日晨一起到达了归绥。傅把我们安顿在招待所。这个招待所是一个规模相当大的旅社，除我们外，也有别的报社的记者住在那里。我们住在二楼，隔房住的是天津《益世报》姓王的记者。至于《大公报》社则早于几个月前派人来到这里，租下了房屋，装设了电话机，雇用了服务人员，做好了准备。《大公报》在新闻采访工作上极为活跃的范长江同志早已到了归绥。有人告诉我他是从兰州北行，冒大风沙经宁夏到达这里的。

当晚傅作义在一家饭店里设宴招待我们，他说这家饭店是以做羊肉包子出名的，不过我在上口时，觉得还是有些羊膻味。

晚餐后，我和沈吉苍一同到电报局去拍电报。住所和电报局相距很远，一在旧城，一在新城，中隔旷野。我们二人乘坐人力车，朔风迎面吹来，冷得要命。沈吉苍支持不了，便下车来在路上乱跑取暖。我头上戴着长尾蒙古皮帽，身上穿着棉衣、呢大衣，下面穿着三条裤和二双袜，但下车后还是冷得发抖。好在那时我正在壮年，还能吃苦。我们坚持到达了电报局，但电报局负责检查新闻的人员却在外面应酬未返，我们等了好久，才把电报拍出。

从电报局回到招待所后，我们又向傅作义提出到百灵庙前线去视察。到归绥后的第二天上午9时左右，我们被批准去百灵庙。

我们坐的是一辆有帆布篷的卡车，车上并无座位，大家随便坐在车板上。车内除我们二人外，尚有《大公报》的范长江、《益世报》姓王的记者、其他北方报社的记者以及招待人员等，不宽不紧恰巧坐满一车。出城后，越过大青山，路中乱石纵横，车身跳动得非常厉害。大青山以北是大平原，满目荒凉，人烟稀少，到晚上10时才到达百灵庙。当地军队的负责军官已接到通知，派人前来照料我们。我们下车后，略事休息，稍吃些东西，当晚就在部队陪同之下，视察了百灵庙。

战争摧毁了百灵庙中的菩萨像和其他东西。殿内地上堆放着不少小铜佛像以及铜盂、铜盘等物，还有日伪军队溃退时遗弃下来的文件书籍手册等。我随便拣起了一尊三四寸长的铜佛，两只两三寸高的铜盂和一本以日本字母注音的蒙语会话手册留作纪念。可惜后来在十四年抗战中，我东飘西荡，到处为家，铜佛铜盂早已丢失，唯那本三十二开大小的日音蒙语会话手册，依然保存着。

我们跟士兵们谈话时，感觉到这一次百灵庙战役，我们的部队的确打得十分勇敢出色。他们没有飞机、大炮和坦克，只凭一些旧式的步枪、机关枪以及几辆木板车身的旧卡车冲锋陷阵；把木板的卡车当作装着铁甲铁轮的坦克车，猛烈而迅疾地冲向百灵庙敌人的阵地，敌人的新式武器以及飞机、坦克等都在他们的面前失灵了。结果那些凶恶无比、自以为无敌的敌人，不是被我们杀死，就是丢下武器，仓皇逃走。如果这种军队当时就有了共产党的领导，其战果当然还要更加巨大辉煌的。

我们也看了许多俘虏，看了堆得小山似的战利品，还愉快地倾听了不少士兵在这场激烈战斗中的动人故事。这时天色微明，尽管我们已经一天一晚没有睡眠，但我们的精神被这场战斗所鼓舞，因而极度兴奋，没有一个人打哈欠，没有一个人有倦容，没有一个人觉得疲劳。这样，我们就趁着天色已明，各人骑上了部队的高头大马，驰往百灵庙郊外的战场视察。9时左右忽有敌机两三架飞来空袭，我们就在警报声中跳上我们原来所坐的卡车，奔回归绥。回到归绥天已经全黑了。

尽管我们已有两天一夜没有好好休息，但我们是新闻记者，我们必须首先把所得到的消息写成电报，拍发到上海报社，也要把在百灵庙前线的所见所闻，写成详细动人的通讯稿，连同所摄的照片，用最快的方法寄到上海报社发表。在我们的工作未完成以前，我们私人的一切需要包括睡眠，都是谈不到的。因此，我们一到归绥，进入旅社，躺在床上约略休息十分钟之后，我和沈吉苍又一跃而起。我们出门，首先去发电报，其次是托印照片，再其次便是随随便便地吃了晚餐。不到一小时，我们又返回旅社，关上房门，在不明亮的灯光之下动手写起通讯稿来。写到半夜两三点钟，我们觉得实在太疲倦了，但不敢上床，我们知道这时我们只要身子倒在床上，立刻就会像死人般地睡去，短时间内休想醒来。因此，我们只能静静地立起身来，开了房门，轻轻地在室外走廊上散散步，以驱逐睡魔。然后奋起余勇，又回房中续写，到6时左右全部脱稿。我们又出门去，敲开照相馆之门，取出洗印的照片，又去敲开邮局之门，把这篇长约一万几千字的通讯稿和几十张在百灵庙所摄的照片，寄到遥远的上海去。一切应做的事做完，我们在大街上吃些早点，然后回旅社，毫无牵挂地睡一大觉。

由于红格尔图和百灵庙战斗的胜利，敌人不敢肆无忌惮地向我们进犯，绥远问题暂时又沉寂下来。这时我们听到，国民党反动派不顾全国人民的反对，在上海把沈钧儒、史良、李公朴、邹韬奋、王造时、沙千里、章乃器等七位救国会领导逮捕起来，拘禁在苏州，想以此吓倒全国的抗日人民。当时我虽然跟救国会中的同志有些意见分歧，但我们的大方向是一致的，当他们受到反动派迫害的时候，我绝不能待在绥远，视若无睹。于是我又提着简单的行李，借机到包头去看了一下，就经大同、石家庄取道平汉路，返回上海。

七七事变的爆发

1937年7月，正当上海非常炎热、学校开始放暑假的时候，七七事变发生了。蒋介石被迫跟中国共产党结成抗日民族统一战线，一场中国人民的全面抗战开始了。

我们《新闻报》馆一方面令驻北平的记者耿坚白和驻南京的记者俞树立等全力放在这一重大新闻的采访上，同时派陆诒从上海出发，赶赴卢沟桥，负责采访前线消息，我在上海留守。这时上海战事虽尚未发生，而上海的新闻工作却已相当紧张繁忙。

战事起初只是沿着从天津到北平的那一段铁路线进行，我方人人奋勇，在卢沟桥畔、在宛平县城墙前，歼灭了不少敌人，可是由于敌人大量增援，终于不支。上海人从早到晚打开晨报和夜报急急阅读，终是不免悲伤叹息。忽然一天傍晚，上海全市响起了震天动地的爆竹声，从天黑吃晚饭的时候起一直到子夜，乒乓之声不绝于耳，害得驻在虹口的敌兵也不知为了何事，十分惊惶。原来是上海市民这天看见晚报上刊载了我方克复廊坊等地的消息，大家欣喜若狂，不论商店住户、大街小巷，都兴高采烈地大放爆竹。我晚上到报馆工作时，发现《新闻报》驻北平的记者耿坚白没有来电报告关于克复廊坊的消息。大家正怀疑耿把这一条重要的消息漏了，正要致电责问时，突然消息传来，证实克复廊坊等地的消息是误传的。事后调查，这条消息是由南京国民党政府的军政部传出，而由南京记者向上海等地拍发出来的。耿坚白从不乱拍电报，这回又得到了证明。这次放爆竹事件，使人深深感受到我们中国人民强烈的爱祖国恨敌人的情绪。

随着卢沟桥事变的爆发，全上海的中国人都斗志昂扬地参加了抗日救亡运动。上海工商界在市商会成立了上海市各界抗敌后援会。新闻界同业在爱多亚路红棉酒家成立了上海市编辑人协会。我也当选为理事。

在抗日民族统一战线形式下，上海迅速地成立了文化界救亡协会。国民党方面，周寒梅是暗中代表着潘公展的主要人物；在进步人士方面则有钱俊瑞、胡愈之等。这个会从筹备的时候开始，我就被推选为筹备委员之一。正式召开成立大会时，我被推选为理事。在第一次理事会未举行以前，一天中午，钱俊瑞邀我到霞飞路和合坊东的一家广东酒楼吃饭，跟我商量常务理事会的人选问题。钱希望当组织部长，要我在开会时替他提名，我完全同意，愿以全力支持他。一两天后，文化界救亡协会理事会开会了，钱俊瑞、周寒梅、胡愈之和我都当选为常务理事，胡愈之兼宣传部长，钱俊瑞由于我的提议，兼组织部长，我兼组织部副部长。但后来组织部开会时从未通知我，而胡愈之主持的国际宣传委员会开会时，我反而出席了好多次。这个国际宣传委员会办了一个国际通讯社，发英文稿。由陈友仁的儿子陈丕士负责，我从旁支持，供给消息和提供意见。

不久，郭沫若同志从日本回国到了上海，潘公展闻讯，特在三马路陶乐春菜社设宴为郭洗尘，被邀请陪客者有二三十人。潘即席作了欢迎郭回来团结抗战的讲话，郭沫若即席念了轮船进吴淞口他看见了久别重逢的祖国大地时所作的七言诗。这是我生平第一次见到郭沫若。

八一三上海抗战

七七事变发生后，上海的市民也在考虑战事是不是也要在上海发生。《新闻报》馆的总经理汪伯奇更是注意。他常问我："你看上海这地方会不会打起来？"我最初以为汪这样问是出于他对新闻工作的负责，不久，我发现他从美国购买了大批印报用的卷筒纸，堆放在上海的杨树浦区域和浦东地区，如果上海万一发生战事，杨树浦区域当然在敌军的控制之下，远隔黄浦江的浦东恐也难以保全。这样，如果上海发生战事，他必须及时把他所囤积的纸张搬到上海中心区免受损失；如果上海不发生战事，他就可省去为数不小的搬运费。我当时以为敌人在一·二八上海抗战中已吃了苦头，不敢再在这一地区轻易动手，以陷于南北两地作战的困难处境。自七七事变发生以来，上海的敌人只是在虹口区内活动，尚无异状。到底怎样，我主张到南京等地跑一下，观察一下局势，汪赞同我的主张。

我约在8月六七日到南京，跟南京新闻界的同业坐着汽车到侍从室、行政院、军政部等机关跑了一下，他们是采访新闻，我则是观察形势。我们跟这些机关比较高级的人员私下谈话时，从他们的语气中了解到蒋介石以前是抱不抵抗主义，现在则因敌人的步步进逼，中国人民的誓死反抗，为了自己的存在，他不得不勉强抗战了。但在这些上层的国民党人士中，没有一个人有远见，也没有可以赢得胜利的长期的作战计划，在上海地区，他们只是主张抵挡一下敌人就可以了。总的说来，当时战争的气氛浓厚地笼罩着南京。

大约在8月9日晚上，我搭火车离开南京回上海。清晨车抵苏州时，我知道负责上海方面军事的张治中将军已在苏州，我在一·二八战役中跟他很熟，决定下车去看他。张的司令部设在苏州的一家旧式大院中，他见我来到，十分高兴。从他简短的谈话中，我觉得上海的战事已迫在眉睫。我就跟张具体商讨万一上海战事爆发，上海的新闻界怎样可以从中国部队方面直接获得最重要的战事消息。鉴于一·二八抗战中，我们在新闻的采访和宣传方面还存在不少问题，这次应早做准备。张表示完全赞同。他告诉了我驻上海部队不公开的联系地点。他要请我吃饭。我正在谦让之际，忽然电铃一响，有人向张报告说南京侍从室来电话。张到隔室去听电话，说话声音很响。我侧耳一听，原来是侍从室主任钱大钧奉蒋介石之命，命令张治中的部队立刻开赴上海，形势显然非常急迫。张接完电话仍出来续谈，并把一位要跟上海新闻界联系的参谋介绍给我。我就在张的司令部吃了饭，从苏州再坐火车回上海。

到上海，我就赶往《新闻报》馆，把上海必有战事的结论告知汪伯奇。但汪不信，他说他从工部局的外国人方面得知上海是不会发生战事的。三四天以后，战事突然爆发，他在杨树浦和浦东等地存放的大批纸张因听信了外国人的消息而受到损失。

8月11日和12日，我和《新闻报》采访科同事一起坐车到闸北、虹口等接近敌军的地区视察，中国军队已经开到，正纷纷堆沙袋、挖战壕和布置机枪阵地。上午尚可勉强通行，下午有许多地方断绝交通，不准行人和车辆通过。敌人方面也剑拔弩张。上海战事已如箭在弦上，一触即发。

我见上海局势发生了这样的变化，12日晚上一到报馆后，立刻采取措施。我把平日采访体育、教育和经济消息的外勤记者组织起来，集中采访战事新闻，分成上午、下午与晚上三班。每班有两三个小组，有的赴闸北前线，有的赴吴淞前线，有的跟张治中的司令部联系。每组一般为两人，上午的一班在上午七八点出发，乘坐汽车绕道沪西至闸北等地。因为前线跟报社间没有电话和电报联系，我们便运用一·二八抗战中采访消息的经验，要求他们将所得的消息，写成小纸条，放在信鸽身上，让鸽子飞回报社。上午的消息必须在12时以前、最迟午后1时送到报馆，否则就赶不上当天下午的《新闻夜报》发表。下午的消息则由自己回来写或在天黑前由信鸽带回。夜班最艰苦，汽车在战区行驶，虽黑夜也不得开灯；吴淞蕴藻浜等地到处是浜沟，盲目行车，常会驶入水中，发生危险。每次归来，大家都叫苦不迭。上下午班的任务大家轮流干。新闻记者虽不是持枪作战的士兵，也需要勇敢与机智，也要懂得起码的军事常识，否则是难以完成使命的。我们这些记者，有的已年老，有的平时生活舒适，但八一三炮声一响，大家都争先恐后地工作，没有一个人胆怯后退。大家表示万一有人在前线采访消息时不幸遇难，只希望《新闻报》馆能够照顾他们的家属，我觉得这是天地间的正气，是十分宝贵的。

上海的战事在8月13日爆发了，一开始就进行得非常激烈，住在苏州河以北虹口、杨树浦一带的居民纷纷扶老携幼，只携带一些零星的东西逃到苏州河以南的公共租界和法租界地区，有钱者以高价租些房屋居住，贫穷者只得露宿街头，成为难民。

战事进行了两三天以后，在上海租界闹市发生了一件大惨剧。在这件惨剧中，我和我的父母、弟弟、儿子等，几乎同归于尽。这天下午2：30左右，我在报馆雇了一辆出租汽车，和蒋学义一起出发采访消息。首先想到辣斐德路西端的张治中部队办事处去，看看有没有什么战讯可发表，如果尚有时间，拟往闸北前线去一下。汽车从汉口路折入山东路向南驶行，再折入爱多亚路向西驰去。车过爱多亚路西藏路口的大世界地区时，从汽车中看见路上路旁全是人，难民一大堆一大堆地坐在大世界游艺场等门前地上。汽车、黄包车东西南北往来不绝。不到3时，我们到了张治中部队办事处，一进门，门庭寂寂，既没有负责人，也打听不到什么消息。我们本想绕道沪西到闸北前线去一下，因想到该处已另派人负责，似可不去，不如且回报馆。当汽车从办事处出发时，司机问我回去过不过爱多亚路大世界？我以大世界那里人太多，车行不便，不如绕远，走静安寺路南京路回去。3：30左右，车过南京路西藏路，将近先施、永安等公司时，忽然附近发出轰然巨响，顿时人声鼎沸，喧闹不堪。我对蒋学义说一定出了什么事情了，快快奔回报馆吧！

我们一踏进报馆三层楼的采访科，就接到电话说刚才在大世界门前，飞机掉下一个大炸弹，死伤很多人。我和蒋立刻分头出发，驰往出事地点。则见那里到处都是尸体，血流成河；高高的电线杆上挂着飞上去的人臂人腿；指挥交通的印度巡捕，身体已炸得四分五裂，不知飞往何处。被红灯所阻停在路口的一辆汽车，车中人已炸死，司机的尸体则犹坐着，等待绿灯。一切景象，十分凄惨。原来这天下午，中国飞机跟敌机在空中交战，国民党军队的飞机都是从意大利、美国买来的旧机，本来就陈旧不堪，战斗中有一机中了敌弹，受了重伤，飞行员满想飞到浦东，以免飞机在租界坠落爆炸，给自己人民带来灾害，不想机身受创过重，一枚大炸弹失控从空中坠落下来，落在大世界门前。那时大世界周围的无数群众正在昂着头，十分兴奋地观看空战，满希望打下几架敌机来，鼓鼓掌，泄泄胸中的积愤。因此当炸弹出其不意地从天上飞下来时，大家还是若无其事，有的知道不妙，已躲避不及。只听见山崩地裂的一声响，血肉横飞，足足有几百人死于非命。这天，我在深夜坐着黄包车回家的时候，车经跑马厅后面的龙门路，还看见两旁的人行道上，高高地堆着遇难者的尸体。我想，这天下午如果我们从办事处回来时，也取道大世界，很有可能也在被炸之列。翌日，我跟家中人谈起昨天的事情。我母亲对我讲，恰巧这天下午，她和我父亲以及二舅王宝铨从家中外出散步，顺道到大世界去。到了那里，恰巧天上发生空战，我母亲因父亲中风后身体尚未复原，不能挤，三人就走过大世界，到离大世界稍远我父亲一位姓潘的好友所开的美华照相馆去坐坐。孰知甫坐定，大世界那里炸弹就下来，这里人和房屋几乎震倒。如果他们喜欢热闹，在大世界站着看空战，他们三个人的生命可能也就完了。还有我的弟弟用中和我的长子震潮，他们那天也到大世界去散步，他们当时也正赶上空战，他们恐有流弹下来，想进入大世界游艺场下面一家烟纸店去躲避一阵，不料店中人强把他们推出来，他们只好走到别的地方去。谁知片刻之间，炸弹下来，那家烟纸店全被炸毁，门前还炸了一个大坑。如果他们不被人家赶出来，他们叔侄二人的生命可能也完了。这天，我们一家三批人都得免于难，真是万幸。

这天不但在大世界门前掉了一个炸弹，酿成惨案，黄浦滩南京路口的汇中饭店上面也掉了一个炸弹，从上而下，直炸到该饭店的最下层，也死伤了七八十人，当时大家只注意发生在大世界的惨剧，对这一个惨祸，就很少有人知道了。

这时民治新专举办了在清晨和傍晚上课的战地记者短期训练班，除在教室听课外，我带了一些成绩好思想进步的青年到前线实习。两个月后，当报社感到到前线活动的记者缺人时，我又让他们中间成绩最好政治上可靠的几个同学去当记者。直到三个月后八一三抗战结束时，我们的战时新闻教育才终止。

八一三抗战期间，我工作很忙，一天只能休息两三小时。我要指挥和布置战地消息的采访工作，我自己每天也要到前线去。此外，我还要在民治新专上课，带领学生赴前线实习。同时还要挤出时间来参加文化界救亡协会的工作，在彭文应的提议下，我又当了上海市各界抗敌后援会的宣传部长。我不怕累，但我感到困难的是深夜以后，报社和前线没有联系。从事夜间活动的记者于子夜前从前线冒着危险回来后，再也没有精力出去活动了。从半夜到天明这一段时间采访不到新闻。我想了又想，忽然想到位于杨树浦敌占区的上海电力公司电力厂里，也许有人会帮我们做些工作。厂里的人对厂外作战情况，虽然不能详细地知道，然大概形势是可以了解的。厂的右侧黄浦江中停泊着许多敌舰，对它们的动作，也许会知道一些。我们要跑到这个厂去了解情况，要冲过敌人很多的封锁线，事实上不可能。于是我就在深夜拿起电话机，接通了该厂电话。电铃一响，果然有人来听电话，我就告诉他我们是什么报社，为了宣传抗战，请求他在电话中把每晚知道的战事情况告知我们，他痛快地答应了。但他不告诉我们他的姓名，我们也不问他。从此以后，他每夜跟我通话，把中国军队奋勇作战取得胜利的消息，以及敌军被我方打得狼狈不堪的情况简单扼要地报告我们。直到我方部队由于敌人另从他处登陆形势不利而撤退之后，这个秘密的电话联系才停止。工人阶级是伟大的爱国主义者，这个无名英雄每晚冒着风险，不求人知，不求报酬，从不间断地告诉我们抗战消息，实在令人钦佩。

打了两个月左右，中国方面伤亡太多，有些支持不住。我们恐中国军队一旦撤退，在新闻采访上，将完全失去联系，一·二八上海抗战时，我们便是在这一着棋子上吃了亏的，于是我就派陆诒随军到松江一带去。陆去后，七八天左右又跑回来，怒气冲冲地质问《新闻报》馆总经理汪伯奇：为什么他在前方敌机轰炸下冒着生命危险写的稿件，被压着不发表？这是编辑部内隐藏的汉奸陈达哉执行敌方的命令，破坏抗战宣传。汪不但不去查询，反以陆诒为可欺，说：“稿件登不登报馆自有权衡。”陆说：“如此，我就不干，我就脱离《新闻报》。”汪就命令会计在陆诒面前拨动算盘珠，责令陆把用剩下来的旅费约二三十元交还报馆。陆就外出，一两小时后，把从范长江同志那里借来的钱当面还给汪伯奇，从此离开了《新闻报》。

上海沦陷后，我仍留在这一孤岛上。

“星二聚餐会”

这一时期我仍在《新闻报》工作，继续主持民治新专和民治中、小学的工作。我除了参加教育协会等秘密活动外，还参加了“星二聚餐会”。

“星二聚餐会”是以每星期二聚餐一次命名的。最初我以为这是进步人士在上海的秘密组织，后来有人对我说这个会是由共产党的地下党员领导的。那时上海已沦陷一年多，在这个孤岛上，敌人的势力非常猖獗。为了不引起敌人注意，一般秘密组织，大都使用总会（即俱乐部）、聚餐会等普通的名字。上海部分进步的工商界人士也组织了“星四聚餐会”。因为我不是工商界人士，我没有参加这个组织，不过有人邀我去作了一次时事报告。他们的人数远比“星二聚餐会”为多。

在我参加“星二聚餐会”的两年时间中，经常到会的人有许广平、韦悫、沈体兰、吴耀宗夫妇、章宗麟、杨美真、姚惠泉、李文杰、诸培恩等。其中姚惠泉好像跟蒋跟新四军两方面都有联系，诸培恩为八仙桥中国青年会干事，韦悫在商务印书馆编辑部工作，沈体兰在基督教内搞教育工作，吴耀宗在全国青年协会工作，吴太太是个医生，杨美真在女青年会工作，李文杰是会计师，章宗麟是陶行知的得力弟子。

每次聚餐会，都请人作一周的时事分析。请不到适当的人时，通常由韦悫作这样的报告，讲半小时到一小时，有时也由姚惠泉报告附近游击队的活动状况和战争消息，如有人从内地或海外归来，也请他作报告。如曾在重庆做过反侵略会干事和国民党政府驻伦敦使馆参赞的陈尧圣从英国回到上海时，我们就请他到“星二聚餐会”作欧洲形势的报告。实际上，这就是我们当时的政治学习。经过“星二聚餐会”的活动，大家觉得不但对祖国的抗战前途有了信心，每个人的政治水平和觉悟程度也都有所提高。在长达八年的抗战期间，所有参加“星二聚餐会”的成员没有一个人堕落成为汉奸，没有一个人向敌人告密出卖自己的朋友，甚至抗战胜利以后，在国民党反动派发动大规模内战期间，也没有一个人走到蒋介石方面去。党在“星二聚餐会”方面的教育工作我以为很有成效。

“星二聚餐会”的主席由大家轮流担任。当时事报告结束之后，我们还讨论支援附近游击队、鼓励租界市民节日悬挂中国旗帜等问题，并一一作出决议，分别执行。每次聚餐会从下午六七时到九十时结束，餐费自付。不管物价怎样高涨，情形怎样险恶，“星二聚餐会”的参加者始终保持在二三十人左右，每次开会，大家都兴高采烈，情绪很好。

我记得起初几次聚餐是在四川路的航业公会举行，后来改在四川路桥南堍的中国青年会与海军青年会，有时也到法租界八仙桥的中国青年会，最后，改在美国侨民主持的西桥青年会。我们以极为流动的游击战术来进行这些活动，使敌伪走狗无法察觉。

不管上海租界内外敌人的势力是多么猖獗，上海报界的抗日情绪还是不断高涨着。首先是英文《大美晚报》投袂而起；发行了《大美晚报》华文版。《大美晚报》发行人史带、总经理白罗斯、总编辑高尔德等都是美国人，华文版则由张似旭任经理，华文版的编辑和记者也都由中国人担任。这样，这家以美国老板作为支柱的报纸无论发表消息或撰写评论，都站在正义的反侵略的立场上。当毛主席的《论持久战》发表时，该报以大量篇幅、大号字体全文刊载，使人读了以后，对祖国的前途和抗战的最后胜利充满信心。所以，当每天下午四五时，华文版《大美晚报》出版时，大家都争先恐后去买来看，看了以后，觉得精神一爽，胸中闷气发泄了不少。不久，该报又发行了华文版《大美晨报》，由吴中一当总编辑，也很受上海人民的欢迎。

1938年利用外商名义发行华文报纸的还有《文汇报》和《大晚报》。《文汇报》由英国人克明为总经理，《大晚报》原由徐蔚南和曾虚白主持，这时也请了一名英国人作为对付敌人新闻检查的盾牌。

10月10日，从1937年12月起在上海休刊的《申报》，也挂着美商哥伦比亚公司的名义，由美人阿乐满为负责人，在上海重新出版，以长期在《时事新报》当总编辑的潘公弼为《申报》总编辑。该报中坚赵君豪和金华亭等又回到该报艰苦地负责编辑和采访工作。《新闻报》这时也挂起美国太平洋公司的牌子，由美国商人包克（I.S.Polker）为总经理，以新的面貌再次出版。这时从前把《新闻报》卖给史量才的福开森也从北平来上海，他跟包克和汪伯奇等都为旧识，对《新闻报》的前途仍极关心，就担任公司的董事长一职。福开森经常到报馆，包克则每天抽出一定的时间到报馆办公，遇有工部局等方面找麻烦，由他们二人出面应付。

由吴任沧、骆美中等于1938年发起筹备的《中美日报》也于11月1日以美商罗斯福公司的名义在上海出版。该报对敌伪大张挞伐，也显得有声有色，极为上海人民所重视。

1938年，上海的抗日报纸利用洋商牌子作掩护，在敌人黑暗势力笼罩下的上海，蓬蓬勃勃地发展起来，成为打击敌伪的有力武器。新闻记者在大敌当前，祖国前途濒临生死存亡之际，他们中的绝大多数人坚守岗位，在敌人的铁蹄下，赤手空拳，只拿着一支几寸长的笔，英勇地跟敌人搏斗。在整整十四年抗战之中，上海记者所流的鲜血比任何都市的记者流的血都要多。

慰劳第三战区

大约在1938年11月初的一次“星二聚餐会”上，姚惠泉对我说上海地方协会想组织上海人民慰劳团代表上海人民到第三战区去进行慰问，极希望我能参加。我心里明白事关重要，就说容我考虑考虑。

我回家后躺在床上想，我上有父母，中有妻子，下有儿女，全家人都靠我的工资收入为生，万一我此行出了问题，今后全家生活怎么办呢？再有我是新闻工作者，我的身份是公开的，别人慰劳回来以后可以隐蔽起来，而我却不能。同时我还要工作，我是必须去而复回的；况且慰劳军队，鼓励他们勇敢杀敌，对敌人刺激很大，我多年来又搞了不少抗日工作，敌人早已把我看作眼中钉、肉中刺，这样一搞，敌人更要加害于我。为了今后我还要在上海继续做抗战宣传工作，我决定拒绝参加慰劳第三战区的行动。

我把我的决定电话告知姚惠泉，并请他原谅。出我意外，他仍坚决要我参加，说了种种理由，最后还告知我吴大琨也要去，路上可以照顾我。我始终表示不参加。

1938年11月底顾执中任上海人民慰劳团团长去第三战区慰问新四军时，和新四军代理军长项英合影。

回家后，我又想到第三战区司令长官是顾祝同，此人当江苏省政府主席时作威作福，曾杀过镇江的一个新闻记者。此外第三战区除国民党部队外，还有中共的新四军，这时已形成了抗日民族统一战线，但国民党反动派始终仇视人民军队。我们慰劳国民党部队自然为国民党所欢迎，而我们去慰劳新四军，必为国民党所嫉视与反对。我愈想愈觉得我不能参加慰问团。

11月中旬姚惠泉以电话通知我到地方协会去开会，他说不妨先去开会，参加不参加慰问团，以后再说。我就在这一天的下午约三四时到爱多亚路河南路口的中汇大楼去出席会议，我以为我去了只是听听，并乘机说明我不能参加慰劳的苦衷和理由。

这个会的参加者约有三四十人，其中我最熟悉的有姚惠泉、王纪华、朱立波等，而吴大琨则没有到会。开会后主席首先报告了上海人民慰劳第三战区的意义，随即讨论怎样成立慰劳团的组织。我正欲发言表示我不能参加，不料到会者似乎在事前商量好似的一致推选我为团长。我坚决表示不同意，但群众无论如何也要我当团长，并纷纷表示愿听从我的领导和指挥。我固辞不获，直到散会。由于我坚决不同意，团长人选仍未解决。

回家后，我把这一情况向父母和妻子等说明，他们也纷纷反对。不过我坐下来低头一想，以为这一件事的确是应该做的，前方无数中国好儿女在战场上流血牺牲，难道我对他们表示一些慰劳与尊敬之忱，是不应该的吗？我只想到我个人的安全和我一家的生活而不想到中国人民的安全和生活，这是应该的吗？我素来以有勇气自负，为什么这一次如此胆怯呢？还有，大家在开会时一致公推我为团长，也不是随随便便，显然是经过一番郑重考虑的。他们认为我和钱大钧有亲戚关系，到第三战区的司令部时，国民党这方面的困难会少一些；也因为我长久地参加抗日救亡工作，到新四军方面去也会方便些；也可能因为我时常在外面跑，有些旅行经验；有此种种原因，他们就需要我参加慰劳团，并推选我为团长。如在平时，以我在社会上的资望论，决不会轮到我当团长，现在上海已成为孤岛，很多有重要地位的人已到后方去了，“蜀中无大将”的时候，叫我挂印当先锋是极自然的。想到这里，我责备自己太自私，不应置重要任务于不顾。我搞通了思想，觉得我应该参加慰劳团，何况还有吴大琨做伴，他可以在沿途照顾我。

我于是打电话给吴大琨，告诉他我愿意参加慰问团。在通话时，令我感到意外和失望的是他告知我，他因母病不能参加了。但我还是决定参加。

上海人民第三战区慰劳团的成员有姜平（女，教育工作者，上海解放后，她来看我，才知道她是共产党员）、王纪华（在海关工作。在海关同人俱乐部颇起作用，共产党员）、朱立波（女，在上海妇女团体和小学教师团体中活动，后来成为民盟成员），还有三个姓陈的人：一在邮政局工作，上海解放后，当了上海邮局局长；另一是他的妹妹，她决心投奔新四军，到达铜陵后就不再回上海了；另一在海关工作，他的哥哥是“星二聚餐会”的成员。还有《大美晚报》美国记者贝尔登（Jack Belden），他也是美国一家大通讯社的记者，他以上海外侨的身份参加慰劳团。我们还秘密携带了锦旗、医药用品和一些款项。我对团员的政治情况都不询问，也不记录，以备万一遭到敌伪逮捕或被国民党扣押时，不会泄露消息。总而言之，这个第三战区慰劳团在形式上虽然对国民党的部队和新四军都进行慰劳，实质上却是以医药用品支援新四军作为主要任务的。

我们一行十余人，于1938年11月17日晚，从黄浦江登上开往温州的轮船，在船上我精神不安地睡了一晚。18日上午8时开船后，我看见王纪华、小陈等在船上聚精会神地阅读辩证唯物论等进步书籍，有的人还高谈政治。我冷眼察看周围，发现旅客中不少人形迹可疑，不禁暗暗着急。我就找了一个适当的地方，跟慰劳团的成员们秘密谈话，要求他们为了做好工作，不出毛病，大家只谈跳舞打牌，不谈政治，不公开阅读马列主义书籍，免得暴露每人的政治身份；我还要求他们此行每到一地不在报纸上发表谈话或演讲；行动要迅疾，每到一地不流连不走。经我一提醒，他们认为很对，大家遵守这些原则，没有出毛病。

轮船在11月19日下午五六时到达温州，因为是战时，不能靠岸。20日晨，才被准许开向码头，经过一番严格检查后，大家平安上岸。

我们在温州只住了两天，办了一些联系的手续，也游览了一些名胜。有的人还想再住几天，我坚决主张前进。于是在第三天一早，我们坐着木船，在瓯江中缓缓驶向青田。一路上，青山绿水，风景十分优美。小船中除我们外别无他客，我们得以自由地说笑。我见贝尔登一路用笔记录，一路摄影，怕他发表文章，就提醒他，希望他不要在上海《大美晚报》或其他报纸上发表这次慰劳经过，以免敌人按图索骥，把我们一网打尽。他虽承诺，但回沪后，仍在英文《大美晚报》发表长篇通讯，不过人名改用隐语，如称我为“大铅笔”（Big Pencil）等，局外人自然不会知道这是些什么人。但他刊登的那些照片，如我们在第三战区司令部和新四军司令部献旗仪式和开会时的情形，各人的面貌十分清楚，特别像我那样常常在上海公开场所抛头露面的人，别人一看就不难认出是谁，这对我们是十分不利的。

因为一时买不到车票，我们在青田也住了两天，然后搭坐长途汽车经丽水、永康而达金华。我记得到金华时正近中午，有关方面在一家酒馆设宴招待我们，2时左右，才吃完饭。忽然锣声四起，人声鼎沸，说有敌机来袭，我们赶紧坐着汽车，跟许多逃避空袭者一起逃到南门郊外躲避。不久，天空嗡嗡作响，我们顺林梢仰天一望，见有敌机二架，像两个黑点般的远远飞来，在金华上空，掷下了两个小炸弹，盘旋一周而去。敌机去后，汽车恢复行驶。天黑时，到了第三战区司令部所在的屯溪。这次旅行，相当辛苦，大家都感到有些疲劳。

当天我们就跟第三战区司令部取得联系，说明来意，他们对上海孤岛人民冒着危险前来慰劳，自然表示欢迎，当场就派了一个姓陈的高级军官跟我们晤谈，并为我们布置了住宿的地方。

1938年11月25日上午10时左右，我们全团人员代表上海人民拿着锦旗和慰劳品，前往第三战区司令部进行慰劳。战区的司令长官顾祝同等亲自接待。我们在司令部开了一个会，双方讲话后，我代表慰劳团将锦旗送给顾，顾鞠躬接受。会罢，已中午，顾在司令部设宴为我们洗尘，并要求我们停留几天，待第三战区政治部部长谷正纲回来，大家谈谈再走。我们推说还要到别的地方去，时间匆促，不能久待，婉言辞谢。

午后在屯溪市街散步时，遇到了宦乡同志。据云当时他在邮局服务，我们并不相识，是由团中的一个同志为我们作了介绍。立谈少顷，我觉得宦对国际时事分析得十分清楚，外文也有基础，我非常钦敬。

从屯溪到新四军司令部所在地的铜陵，既无公路无长途汽车，又无水道无舟船可坐，我们只能一步一步地往前走，每天从天明走到天黑。有时没有旅店，我们就在古庙中过夜。所经的路途，多是小径。我们边走边谈不感寂寞和疲劳。走了三四天，才到达新四军在泾县、铜陵一带的司令部。我们最后一段行程是水路。大家分坐在几条小木船上。沿岸树上墙上，贴满了欢迎上海慰劳团的中英文标语，而且司令部早已派出同志来迎接我们。我们顿时觉得这里的空气是热烈的、生动的，跟他处迥然不同。

当天晚上新四军代军长项英等在物资供应十分困难的情况下，设宴招待我们。饭后，举行了一个欢迎大会，由项代军长主持，我代表全团献了旗，并讲了话。我热烈地表示上海人民对英勇抗战的新四军极为敬佩，上海虽沦为孤岛，上海人民仍愿出全力来支援新四军。贝尔登也被邀上台讲了话，讲时由我作临时翻译。新四军士气之盛，令人见了精神为之一振。

第二天，我们在新四军司令部听了项英代军长所作的政治报告，他讲话缓慢清晰有力，讲了整整一天，毫无倦容。我们在未到新四军以前，从未听过时间这样长的报告，所以有些惊讶。后来有人对我说，在八路军和新四军中，听一个长达七八小时的报告，是一件极为普通的事情。我们留在新四军的时间，虽然只有三四天，可是我们却也受到了党给我们的深刻的教育。

有一天，我们分头骑马到各部队去检阅，检阅时，我们也站在部队前讲了话。

那时冯定同志在新四军中工作，因工作上的联系，时常跟我们见面。那时他的笔名是贝叶。皖南事变时，项副军长竟以身殉，我们十分哀悼，并十分挂念冯定同志。不料1949年上海解放时，我见他安然无恙地在上海工作，真使人万分高兴。

美国女记者史沫特莱那时也在新四军，我和贝尔登等去看她。她性情爽快诚挚，对中国人民的抗战和中国革命事业表示极大的同情。最后一次我和她见面时，她托我回上海替她买一支自来水笔寄给她。

我以时值战争，上海又已沦陷，怕寄不到，就把身上所带的派克自来水笔送给了她。

新四军的生活非常艰苦，开会时坐的凳子是用一段比较粗的竹枝装上四只脚做成的，坐久了臀部发痛。小组会索性在野地树下开，大家坐在地上兴高采烈地讨论。他们生活虽然艰苦，然而无论什么时候，他们的情绪都是好的。因为他们是人民的部队，他们参加部队，不是为了升官发财，而是为了抗战，为了人民的革命事业。

约在12月初，我们离开了新四军的总部，再步行回屯溪。大家情绪奋发地踏上回家的征途，有说有笑地走了几天路。当我们行近屯溪时，突然有一辆乘坐着国民党宪兵的卡车迎面驰来，拦住我们的去路。宪兵们跳下车来，强要我们到司令部去。事出我们的想象之外，大家忐忑不安地以为国民党部队要逮捕我们了。我当时还镇静，跟宪兵们谈了片刻，就和全体团员一同上车到司令部去。一到司令部，第三战区政治部部长谷正纲出来招待我们。他说，他回来后见我们已走，觉得很遗憾，料想我们归途必经屯溪，所以斗胆令宪兵候请我们再来聚聚。说罢，他就在会议室召开了会议。他讲了话，我们也讲了些客气话。会毕，已中午，他设宴请我们吃饭。饭毕，我们向他告辞离去。一场虚惊至此结束。到底他真要和我们见见面，请我们吃饭，还是他原意是要扣留我们，不放我们回上海？见面后，又觉得没有什么借口，只得顺水推舟地讲些好话，请我们吃一顿饭了事，我不知道。从当时宪兵对我们气势汹汹的态度来看，我的第二种估计是有可能的。

经此一场虚惊，大家才懂得我的“兵贵神速”的主张是对的。我们毫不停留地从屯溪搭乘汽车回青田，仍由青田坐小船回温州，在温州换乘轮船出海返回上海。总计我们只用三星期多的时间，完成了上海人民所交给我们慰劳第三战区的任务，平安地回来，没有一个人遭到意外。

回来后，我首先在“星二聚餐会”作了一个简单的报告。接着上海地方协会等好几个团体公开具名，在八仙桥青年会八楼餐厅邀请各方面的代表来听取我们汇报慰劳第三战区的经过。会议参加者非常复杂，不但有国民党方面的人，可能也有汉奸和特务。所以我的报告采取十分慎重的态度。第一，对于第三战区的实际情形保密，尤其对有关军事方面的消息，更不能随便泄露。第二，谈到对第三战区的慰劳时，表面上对国民党部队方面讲得多一些，新四军方面讲得少一些，使今后再有人去慰劳，不会遭受国民党部队的疑忌因而影响我们对新四军方面的支援。此外，我又担心，在群众面前讲话，会不会有坏分子混在群众中乘我不备，对我狙击。对这一次公开的大规模的演讲，在当时上海杀人绑票已成为常事的情形下，我确实是十分担心的。不过事已至此，非去不可，我只得准时前往。在报告时，我侃侃而谈，没有惊慌之态，结果还算侥天之幸，安然无恙。又过了几天，《大美晚报》把贝尔登拍摄的慰劳照片大量地刊登出来，我们都跺脚暗骂贝尔登不该这样做，家中人和报馆中的同事也都为我担忧。

不久，上海地方协会又发起第二次慰劳第三战区的行动。这次由吴大琨当团长，他见我们已平安地胜利归来，心里的紧张感就松弛了。不幸，他从新四军战区走出时，就给国民党部队扣留拘押，虽由上海地方协会请求黄炎培、杜月笙等为之疏通解释，始终无效，一直无辜拘押了好几年才获得自由。据第二次慰劳团的团员回上海后告诉别人：吴大琨到温州等地后，每处都住好几天，在报纸上发表谈话，也出去演讲，行动极为迟缓，一切措置跟第一次完全不同，可能因此出了毛病。1941年后我到重庆，那时谷正纲是国民党中央社会部的部长。有一次我遇见了他，我就毫不客气地问他为什么把吴大琨拘押起来。他说吴大琨在温州等地的演讲中公开辱骂国民党，破坏团结抗战，我们对此多次获有确切的情报；还有他进入新四军战区的时候，带了一批青年人进去，等到他出来，这批人都不见了，我们要他做出交代，所以把他拘押起来。我问他是否可以把吴放出来，他摇摇头，表示不行。

因吴大琨的被扣押，又因不久汪精卫从重庆叛逃到上海、南京，上海形势又发生了变化，以后对于第三战区的慰劳就不可能再举行了。

我被敌伪狙击

上海沦陷后，住在上海孤岛内的几百万中国人，始终没有对敌人屈服，始终没有停止过斗争，特别是租界内的新闻工作者，斗争更是坚决。1938年冬和1939年春，上海抗日报纸展开的斗争很使敌人头痛。

1938年底汪精卫这个大汉奸逃出重庆。他先到越南，在河内时，他的亲信曾仲鸣遇刺身死。汪旋即潜往日本，向日本军阀俯首称臣。4月间潜来上海，躲在敌人保护下的虹口地区的东洋旅馆。当他在南京登极当傀儡时，所有上海报纸一致声讨，把他痛骂得体无完肤。汪对上海报纸和新闻工作者也恨得咬牙切齿。汪精卫当上汉奸后，在上海公共租界西区人口比较稀少的地方，即极司菲尔路七十六号成立了专扔炸弹和绑票暗杀的“特工总部”。这些特务有的穿着草绿色的制服，有的穿着糙米色的西装便服，他们腰间别着炸弹和手枪，公开地在租界活动。只要他们不扔炸弹不开枪，素以毒辣凶狠著称的租界英法籍巡捕，对他们都视而不见。而当他们扔炸弹放手枪时，这些平素凶神恶煞般的外国巡捕，也不过狂吹警笛，虚张声势地乱放几枪，打死几个无辜的路人，塞责遮羞。我们当时在租界内的中国报纸和新闻工作者，可以说是在没有任何保护下跟敌伪作斗争的。

敌伪对付中国报纸的办法之一就是扔炸弹。那时上海孤岛内的报馆见势不妙，采取了自卫措施。《申报》和《新闻报》馆都是四五层楼的钢骨水泥大厦，相当坚固。门首堆了沙袋，大门装上了铁门，扶梯的底层以及二层三层等入门处也都装上铁闩。访客必须填单，被访者同意接见，才能引入会客室会晤。一些目标显著的新闻记者，自1939年7月2日起，都从家中拿了衣被铺盖住在报馆内，跟家人暂时分离，等于过着一种幽囚生活。当时有不少报馆被扔炸弹，有不少记者被枪杀和绑票。但是敌人的行动愈残酷，中国报纸和中国记者的抵抗也愈英勇。

大约在1940年7月中旬的一个早上，上午7时左右，望平街上报贩云集，一方发报，一方领报。大家正在忙乱之际，《申报》馆突然被炸。那时我和沈颂芳等都已住在《新闻报》馆，时当盛夏，室内十分闷热，不能入睡，我便和沈颂芳同到三层楼靠着汉口路的阳台栏杆上闲谈，正谈得起劲，忽听轰轰两声巨响。我们向西一看，只见浓烟起处，人声鼎沸，片刻消息传来，说是七十六号的几个暴徒爬在《申报》下层的窗口向里投掷了两个手榴弹，登时弹片四飞，大门口有一王姓印刷工友被炸，送入医院后因伤重致死。还有一个姓石的办事员受伤送入仁济医院，医治良久才出院。此外还炸死一个行人，数人受伤。据说这一年夏秋之间，敌伪特务秘密地把一枚定时炸弹运进

《申报》编辑部，偷偷放在书橱里，无意中被一个姓杨的图书管理员发现，幸未爆炸。同年初秋一天下午天正黑的时候，又有特务在《申报》馆大门外向里投了三个炸弹，虽爆炸了，但没有伤人；有一个特务因逃得太慢，反被驻守《申报》馆的巡捕追获。越年，即1941年的1月4日，特务向《申报》馆投掷炸弹，没有伤人。1月6日，特务又向《申报》馆扔炸弹，炸伤了四个行人。敌人满想杀鸡给猴子看，如果《申报》给他们搞驯服了，其他各报也就好办了。结果一次又一次的炸弹，丝毫也动摇不了中国人民抗日之心。敌人不是胜利者，而是失败者。

《申报》以外，敌伪特务在1940年4月17日和8月1日，又袭击了《大美晚报》，在机器间里置放炸弹，工友三人受伤；越捕一人被打死，华捕一人受伤，七个路人中弹受伤。

1940年7月22日下午7时，敌伪特务三十余人，分坐汽车到爱多亚路长耕里，袭击《大晚报》。暴徒冲入工场，开枪打死工友两人。

7月22日晚，敌伪特务携带手枪、盒子炮等，乘汽车袭击《中美日报》馆。报馆戒备严密，当特务到达时，大门已闭，特务冲不进去，只得返身逃逸，路上跟武装巡捕互相开枪射击，结果有一个外国人中流弹身死。

敌伪对待中国报纸和新闻记者的另一个办法，就是暗杀。有的新闻记者早上正在家里熟睡，被闯入的特务乱枪杀死；有的在饭店吃饭时被暗杀；有的在路途中，在黄包车上，在汽车上被暗杀。有史以来，新闻记者之遭暗杀，从没有如此之多和如此之残酷。但上海记者执笔奋战，一个人死了，更多人上去跟敌人作战。这些壮烈的事实，是中国新闻史上光辉的一页。

1939年6月17日，七十六号的敌伪特务数人闯入住在新闸区的《申报》编委瞿绍伊的家中，向瞿开枪。瞿狂奔闪躲，虽当场中弹，仅伤臀部，经医治后，生命得以保全。瞿年近六十，浦东人，除在《申报》工作外，兼当律师。伤愈后，离沪赴重庆。他是敌伪“特工总部”成立后，新闻记者被狙击的第一人。

1939年6月，敌伪寄恐吓信给各报的编辑与记者，要求他们立即改变态度，否则即缺席判决死刑。《大美晚报》副刊《夜光》的编者朱惺公（号松庐）接到恐吓信后就在报上发表了一篇题为《将被“国法”宣判“死刑”者之自供》，作为公开的答复。他不但对敌伪揶揄备至，而且十分倔强地表现出不怕死的精神。他说：“……如孤岛四周仍有国法者，则又何容小丑跳梁，狐鼠横行，暗无天日，一至于此耶？在此乌烟瘴气之地，风雨如晦之期，乃忽有所谓‘同法’者颁临，而此‘国法’，又复对无辜之人而施者，是其‘事’奇，‘法’奇，而执行之官无署，油印之函滥投，此种绑票式之‘判决书’，则又奇之又奇矣……余之英灵必将彪炳于云霄之上，而与日月争光，照遍全中国任何黑暗阴霾之面，而追寻文文山、李若水之魂魄……余之头颅能得为无情之枪弹所贯，头颅乃不得谓为无价，头颅有价，死何憾乎？”文章写得辛辣悲壮，十分动人。敌伪方面对朱自然恨得入骨。8月30日下午4时左右，朱惺公独自一人在北河南路行走时，伺伏在朱后的特务多人，一跃而前，拦住去路。用手枪对朱猛烈射击，朱惺公立即倒地身死。他死得如此壮烈，上海人民莫不悲痛。当时大家认为他被暗杀前所写的《自供》一文是对敌伪的宣战书。“是气所磅礴，凛烈万古存”，完全是文天祥《正气歌》的继续。

1940年7月2日上午，民治新闻专科学校举行休假仪式，我当时十分激动地向那班只有二十余人的新闻学生讲了话。我以为上海的情形更恶化，我们中国新闻记者忠贞地坚守岗位，虽死何憾，唯愿后人踊跃参加，再接再厉，不胜利，战斗决不停止。下午2时，我到《新闻报》馆编辑部工作，一坐下，即有同事们向我道喜，我茫然不知所措。他们就把一份当天的汉奸报《中华日报》递给我看，原来大汉奸汪精卫以伪“国民政府代理主席、行政院长”名义于7月1日发表了对83人的“通缉令”，我的名字也赫然在内。榜上有名，所以大家向我道贺。

（注：陈彬应为陈彬和，汪仲苇应为汪仲韦，严兰深应为倪澜深。）

1940年7月2日上海《中华日报》刊登汪伪政府通辑顾执中等的通缉令

我把该报所发表的伪令一看，见有“宜先将首恶付诸重典”一语，显见敌伪对被“通缉”者已决定下毒手了。在被通缉的83人中，明显地跟新闻工作有关的为金华亭、瞿绍伊、胡仲持、张叔通、马荫良、伍特公、赵君豪、马崇淦、陈彬和、黄寄萍（以上均《申报》），汪仲韦、蒋剑侯、顾执中、潘竞民、徐耻痕、倪澜深、王人路（以上均《新闻报》），张似旭、程振章（以上《大美晚报》），吴开先、吴绍澍、冯有真（以上《正言报》），张志韩（《华美晚报》），吴任沧、骆美中（以上《中美日报》），吴中一（大中通讯社），徐怀沙、蒋光堂、张若谷、朱曼华、刘祖澄、汪倜然（不明在何报社工作）。以百分比计算，上海新闻记者在这一大批的被“通缉”的名单中，竟占了38%。

情形诚然是严重的，不过我们没有被这一伪通缉令所吓倒，我们还是嘻嘻哈哈地谈笑着。从白天到晚上，大家都谈论着对付办法。有一个名列榜上的《新闻报》新闻编辑倪澜深（“通缉令”上误为严兰深），浦东人，绰号“泥菩萨”，他发表意见说，我是不怕的，我向来不问政治，我是没有什么问题的。也有几个人像沈颂芳等虽然榜上无名，但也忧形于色。大家问我，我笑着说：“虽然同在榜上，有的人大概要被绑架，有的人要被‘付诸重典’，我呢？‘罪恶深重’，当然在格杀勿论之列，好吧，等它来吧！”

那天下午和晚上，我照常回家，把我被敌伪“通缉”的事情，告知我父母和爱人等，他们深为我担忧。我们共同商讨的结果，都以为我必须暂时住在报馆里，家里没有铁门，没有巡捕守卫，不及报馆安全，当然最好还是及早离开上海。这样，我就从7月3日起，携带简单的铺盖，住在《新闻报》馆，报馆只为我们置备了几张行军床，有的放在编辑部办公桌的旁边，有的放在平日打乒乓球的会议室里。深夜工作完了，我们就倒在行军床上盖上被单和衣而睡。每天早中晚，请服务员到外边去买些东西胡乱充饥，一天到晚，生活十分沉闷。这时沈颂芳急于要离沪赴港，我与沈秘密商量，决意结伴一同去港，由沈负责购买船票，经多次往返，得知须于9月才能买到船票。

我正避居报馆，等待船票即行去港的时候，敌伪特务对榜上有名的新闻工作者下毒手了。那时《大美晚报》中文版的主持人张似旭，为人活泼机警，说得一口好英语。他曾在国民党政府外交部当过情报司长，去职后，一度任职保险公司，随后参加《大美晚报》工作。他那时已多次接到敌伪恐吓信，报馆方面特别雇了一个保镖保护他，还给他一辆由他自己驾驶的小汽车。他自被宣布“通缉”后，虽也像我们那样，改住在报馆里，不过他生性好动，外间有些事不免要联系，他自己也以为不致有什么问题。因此在7月19日下午4时左右不带保镖，独自一人，驾着汽车往南京路以西的静安寺路，在离新世界不远地方停下来，走进面对跑马厅的起士林咖啡店休息，这时伺伏在起士林周围的特务一齐跳到张似旭面前，乱枪齐放，张立刻死于弹雨之下。跟张相距不远的一波兰茶客见此情形，忘了生死，奋勇上前，徒手把一个凶手紧紧抱住，别的凶手又开枪，打死那个波兰茶客。我们对张的遇害极为震惊和哀悼，同时仍不放松对敌伪的抨击。报馆当局恳切地劝我们要待在屋内，切勿外出，以免牺牲生命。

1940年7月21日，距张似旭被害只有两天，敌伪特务又施毒手，杀害了一个中国报人。那天下午，夕阳西下，大光通讯社社长邵虚白乘坐黄包车回家，车抵福煦路明德里离家不远的地方，伺伏已久的特务又一拥而上，乱枪齐发，把邵打死。邵为人谨厚，榜上没有名字，但也死于非命。

约在7月底8月初，《新闻报》本市新闻编辑“泥菩萨”倪澜深也在深夜被敌伪绑架。倪从未参加抗日救亡活动，什么事都不过问，自以为超政治，安分守己，不会招来不幸。伪通缉令发表后，他虽榜上有名，依然若无其事地坐黄包车回家，这天夜晚他又坦然走出《新闻报》馆的后门，走出小弄，悠然登上久等的黄包车，疾驰回家。不料一小时后，我们在编辑部接到电话，说他在将到家时，下车走到弄口，忽然从暗中跳出特务数人，把他绑上汽车，向七十六号“特工总部”驶去。倪后来虽被释放，但由于惊悸过甚，回家后不久即死去。他自以为超政治，以为会置身事外，不知道只要他是一个不当汉奸的中国人，又是一个新闻工作者，是不可能超政治的，他的下场极为可悲可怜。

至于我，情况愈来愈紧急了。8月上旬福开森到上海来，见面时劝我要特别小心。几天后他离开上海，汪伯奇等送他回来后告诉我，据福所得到的消息，敌伪已决定暗杀我，要我万勿大意。又过一两天，蒋宗义从他的哥哥蒋宗道那里得到消息，敌伪特务开会决定下一次行动的目标是我，要我加倍警惕。蒋宗道当过捕房翻译，后入《时报》当记者，这时又跟七十六号发生勾搭。虽然其方向是错误的，不过他还有一些中国人的气息，所以主动向我通了消息。

得到这些警告后，我自当深居简出，加倍警惕，可我总以为敌伪特务并不是什么千里眼顺风耳，不可能对我的行动知道得清清楚楚。没料到特务已潜伏在民治学校附近，并从我的初中毕业的长女凌华那里得知我的种种情况。凌华年幼，以为这些身上穿得相当漂亮的人是好人，自然不拒绝和他们交谈。有一天清早，在学校大门尚未打开以前，门房就发现一个来历不明的人跳墙而入，当为门房驱出。数小时后，特务就到附近地方行刺了陶乐勤。陶也是榜上有名的，但是那天凶手们把另一个面貌与服装跟陶相似之人，无辜地打死了。根据这些情况，我理应提高警惕，可我仍主观地认为如果我行动神秘些，特务们决不会知道的。这种错误估计，导致发生了后来敌人对我的狙击，几乎使我丧命。

1940年8月上旬，我那只有三四岁的次子震夷，突然患副伤寒病，数经医治，热度不退；同时我的父亲自中风以后，也经常有病，我想念他们。8月17日上午9时左右，我忽然心血来潮，想偷偷回家。沈吉苍也要回家，我们就一同走出报馆，不坐黄包车，也不坐电车，我们相约各在马路两旁步行前进，如发现有可疑的人靠近身旁时，各自打招呼，设法躲避。一路上我瞻前顾后，十分小心，约在10时左右平安地到达家中。我爱人见我潜回家中，惊喜万状。我见震夷之病已无大碍，父亲之病也没有恶化，感到安慰。中午在家吃了中饭，饭后在沙发上小睡片刻，将近2时，我换了衣服。我回家时穿的是西装，现在改穿一件白绸长衫，手拿着一本德文书，打算步行到《新闻报》

馆去。这时，我已经完全忘却敌人要暗杀我的警告了。

我家在民治新专校内。学校的大门在蒲石路上（现为长乐路），向东七八步即为白尔部路（现为重庆路）。蒲石路是东西方向，白尔部路是南北方向。我步出校门，见校门口并没有什么形迹可疑之人，就放胆前行。我折入白尔部路北行，已忘乎所以，随手打开那本德文书边读边走。走到福煦路口，又折向东行，仍看着书。在走到萨坡赛路金龙汽车行门口时，突然听到“噼啪”一声，好像有人在我的后面用手重重地打了一记耳光。我用右手往后颈一摸，只见手掌上全是血，我立刻明白我是被枪击了。于是我跑步向北，用波浪式的跑法跑到蒲石路，敌伪特务虽又连放数枪，都未命中。这时有一法捕房的华捕缓缓而来，我问他为什么行动如此之慢，他笑着对我说：“我一个月只拿一二十块钱，犯不着送命。”说着，他陪我到附近的生生助产医院小坐，用电话向卢家湾法巡捕房报告这个情况。生生助产医院的女护士起初不许我们入内，怕特务们追踪前来，经巡捕说明情况，才勉强同意。俄而我爱人等闻警赶来，已吓得面如土色，我忍痛含笑地对她说不要紧，不必担忧。又过了几分钟，法捕房的法籍巡捕和法籍侦探也来了，他们把我先送入就在咫尺的南洋医院医治。经该院用X光照射，发现子弹已打入颈部，急需取出。法捕等遂用汽车把我送入金神父路的广慈医院。这天是星期六，所有机关、学校等下午不办公，等了好久，才有医生到来。他先用X光照明子弹所在，然后送我入手术室。我仰卧手术台上，睁着双眼，一个女护士拿着麻醉药在我的鼻前摆来摆去，我觉得极为难闻，不久我就失去了知觉。等到醒来，我已被抬入病室，卧在床上。第二天，为我做手术的徐宝彝医师对我说，子弹打入后颈右侧，右离大血管，左离脑脊柱，前离气管食管都很近，只要稍右、稍左或稍前一些，我的生命就完了。这是一个极为险要的部位，动手术时很困难，徐医师谨慎小心地在我的伤口上面另开一孔，取出子弹。手术终了时，天都快黑了。说完这些话，徐医师还把从我颈部取出的那颗相当大的弹头给我看了看。在我做手术时，我的爱人和弟弟用中以及《新闻报》馆的同事蒋宗义、杭石君等都在手术室外等候。

动手术后的那个晚上，我颈部剧痛，比子弹打进去时还要痛得多，虽然伤口已用纱布包扎好，但血水还是汩汩流出，染红了白色被单。是夜我终宵未能成眠，马路上行人的脚步声以及附近自来水厂的水声，都听得清清楚楚。天明，我忍痛轻轻翻身，被单上血水流及之处，积聚了不少蚂蚁。

上海各报刊载顾执中被刺的消息

亲友们从报纸上得知我被刺的消息后，纷纷来医院探候或写信慰问。曾参加慰劳第三战区的朱立波、贝尔登，大任小学校长戚逸影，民治同学韩学章、葛凤秀、葛凤珍，民治旧同事陈妙珠和表弟丁兰亭等都不顾危险到医院看望我。《新闻报》馆的美国总经理包克在8月17日和23日写来了两封慰问信，并送来很多水果。第二封信中他提起他愿助我脱离险境，出院时，他将亲驾汽车来接我，《新闻报》总编辑李浩然也写来慰问信。还有《新闻夜报》的同人严独鹤。蒋剑侯、潘竞民、潘乐山、游士琏、陆锡桢、王人路、吴承达、周鸡辰、张康甫、钱福奎等十余人集体写信请蒋宗义、曹天纵代表大家来慰问我。此外国民党上海新闻特派员冯有真也写来了慰问信。

法巡捕房也派法籍捕头到医院来看我，他察看了我的伤势，也研究了那颗从我颈内取出的子弹，和我作了简短的谈话。我问他，我穿的内衣和长衫的领口右侧，不但染有血迹，还有许多焦黑的火药，足见开枪者是站在我后面很近的地方行凶的，距离既如此之近，手枪的力量又那么大，为什么这颗子弹还不能贯穿我的咽喉致我于非命呢？法捕头闻言无法回答。他把弹头看了又看，指着墙上的天主教圣母像对我说这是“天保佑”。法捕头临走还要我十分小心，他说最近特务们对已受伤而在医院里医治的人也不放过，常乘人不备，夜间潜入医院，把人杀死，他要我注意医院不是绝对安全之地。

用中每天陪我住院，我的爱人每天从早到晚也来医院伴我。有一天，上午10：30左右，我们正在聚谈，忽然听见医院外面砰砰响起一阵枪声。我知道又出了问题，就请用中出去看看。不多时用中回来说是《大美晚报》的国际新闻编辑程振璋被敌伪特务开枪狙击，身中三枪，伤及要害，终于不治而死。他为祖国的神圣抗战，献出了宝贵的生命。

我在医院住了四五天，伤口未愈，有时还发烧，不过情况还是朝着好的方向发展。我主张早日离沪赴港，省得敌伪再来害我，我爱人等也赞成。问题是一时买不到船票。那时贝尔登又来看我，他是美国记者，和美国轮船公司有些联系，我就托他代买船票，贝慨然应允。我就把有关证件交给他，不到一两天，船票果然买到了。然后我们商量走出医院离开上海的具体办法。那时恰好表弟丁兰亭神父来看我，我计上心来，就向他借一件神父穿的黑色长袍和一顶白色香港帽，他立即脱下黑袍与白帽交给我。我又通知《新闻报》的美国总经理包克和贝尔登准备驾汽车来接我出院，并送我上船。

又过了几天，我已停止发烧，不过伤口仍未好，还有淡血水从伤口流出。我如向医院提出离院，不仅不会同意，而且还要走漏我要出走的消息，所以我只好采取秘密出走的办法。8月二十六七日下午3时左右，包克驾汽车来到医院，贝尔登也准时到来。我就跟爱人和用中含泪告别，偕同这两个美国朋友坐上汽车，私离医院。一进汽车，贝尔登就打开包袱，取出黑袍白帽，我脱下西装，换上这些衣服，向车中所悬的小镜一看，宛然成为中国神父了。

4时左右，汽车到达三马路黄浦滩的海关码头，码头上人头拥挤。我下了汽车，前有包克后有贝尔登，紧紧地伴着我从人丛中走上码头，登上渡轮。贝尔登还提着包着我的西装的白包袱。以一般情形论，平常欧美人不习惯携带包袱的，稍精细的人，不难从贝尔登手中所持的包袱中找出一连串的破绽来。5时左右，渡轮满载乘客，到达总统号大轮。这两个美国朋友一直送我到大轮的房舱中，等我把神父服装脱掉，换上西装，又把神父服装交贝尔登带回，一切办妥，他们才和我紧紧握手，祝我一路平安。然后再上渡轮回去。

我离开医院后，我爱人和用中才跟医院办理出院手续，付清医药费，然后回家把我离沪赴港消息告知了我的父母亲友。

1941年2月3日，我的一个久在新闻界工作的老友，《申报》记者金华亭也在上海被敌伪特务残酷地杀死，他也是被敌伪“通缉”的人，也早已从家中迁宿报馆。2月2日下午他离开报馆，到一个朋友家中吃夜饭，一直到3日早上4时天快要亮时，他在爱多亚路嵩山路世界汽车行门口等候出租汽车，被敌伪特务枪击身亡。

1941年4月1日傍晚，敌伪特务又窜到成都路附近的大中通讯社，从窗外扔进手榴弹把正在工作的编辑秦钟焕炸伤，伤重身死。

第一次到重庆

我到香港之后，不久我爱人携带子女也来到香港。我治愈了枪伤。住了两个多月，就觉得香港不是久留之地，日本不久也要向香港发动进攻的。于是我们全家就坐飞机来到了重庆。起初住在上清寺我的连襟钱大钧的家里。

亲友听说我们到了重庆，纷纷到钱家来看我。沈钧儒老先生也到上清寺来看我。我初到重庆，情形不熟，朋友们的住址多不知道，本想探询后去拜访沈老，不想他先来看我，真使人不安。不久，各报都发表了我来重庆的消息，《新华日报》不但以大号字刊载我的消息，还派人跟我取得联系，请我到该报向工作人员做报告，并设宴招待我。我跟《新华日报》的负责同志潘梓年、章汉夫等就是由此认识的。那时陆诒已离《大公报》进入《新华日报》当采访主任，不过那时他不在重庆。

那时吴铁城也从香港回来，当国民党中央委员会的秘书长。钱家的隔壁，就是中央党部，就是吴每天去办公的地方。当我们见面时，吴没有说什么，但在背后，吴对别人说，《新华日报》时常刊登顾执中的消息，并且标题字排得特别大。显然国民党对这样做是不满意的。

一天下午，重庆的进步人士在中苏友协开会欢迎我到重庆。这个会由郭沫若同志主持，我简单地讲了些上海人民跟敌伪进行斗争的故事。

国民党方面对我到重庆，表面上很客气，朱家骅、潘公展、孔祥熙等都请我吃了饭，不过对于我的工作问题和生活问题，始终不跟我谈。约一个月后，蒋介石也约我见面。钱大钧闻讯，心中极为高兴，以为我可能有做官甚至做大官的希望。我也未尝不希望在抗战的大洪流中做一些工作。可是到了那天下午，我跟蒋见面时，我发现在他身上有一股十分浓厚的法西斯独裁气息，顿使我产生了强烈的反感。蒋介石问了我上海的情形，最后他问我有无工作，我答说有（实际上我并没有什么工作），他又问我经济上可以过得去吗，我说可以过得去（实际上，我经济很拮据）。他又问我有什么其他困难吗，我也说没有。他说以后如有困难，可去找他或写信给他。我点点头。他说罢，我见时间已久，就告别离去。回家后，钱大钧急急问我见蒋的情形如何，我把我们的问答告知他。他喟然长叹说，他问你有没有工作，你应说“没有工作，请委座提拔”。他问你经济有没有困难，你应说“有困难，已难以维持生活”。这样，他才会派给你工作和给你钱。钱大钧从此对我大感失望，在背后称我为傻瓜。

不久，陆诒也回到重庆。有一次他领我到附近曾家岩中共办事处去见负责人周恩来同志，我见周恩来同志相貌堂堂，待人彬彬有礼。我们简短地分析天下形势，他的见解令我心折。后来，我的儿子震潮来看我们时，我又领震潮去曾家岩拜候过周恩来同志。

当设计委员

约在1941年2月上旬，张治中将军在他的家中请我和我的爱人、孩子吃饭。经过一·二八、八一三两次上海抗战，我和张已很熟稔。在我的心目中，我认为所有蒋系将领中，张是比较热爱祖国的。因此他请我们吃饭，我感觉非常高兴。同时他又不请别客，使宾主间的讲话可以自由随便些。他那时新任国民党政府军事委员会政治部部长，就职未久。

席间张忽然问我在重庆有没有工作，我只好老实答说没有。他说，何不到政治部来？我问，到政治部做哪种工作？张反问我愿做什么工作？我稍稍思考了一下，知道郭沫若同志当时是政治部的文化委员会主任，我就表示愿当一个文化委员。张认为不妥，对我说，还不如当一个设计委员。我也没有什么异议。这样，又继续闲谈了一阵，我们才告别回去。

越日，我就收到了政治部请我当设计委员的聘书，是同中将待遇，每月工资四百元。政治部在两路口，距上清寺甚近，我步行前往联系，发现设计委员会的主任委员是黄少谷。他原在冯玉祥方面，我在第二集团军随军采访时，在兰封遇见过他；后来，在海外旅行时，又在伦敦会晤了数次，彼此也算是老友了。经过了解，设计委员是一种客卿性质的职务，可不去办公，也可随时去看看报，看看参考资料，或对什么问题签署些意见。实际上是无公可办，也无计可设。我去了几天，很觉无聊，黄少谷鼓励我为政治部办的《扫荡报》写社论，我以与该报没有关系，情形隔膜，时事变化又快，难于下笔，始终没有写。

那时政府要员对于日方动向的分析，多认为日本军阀即将北向进攻苏联，又认为日敌要取道越南，北攻云南，再深入中国后方。我看到报上登载路透社记者所发关于在滇越边境视察的消息，证明敌人在边境并没有军事部署，也找不到日军北向进攻苏联的强有力的依据；相反，由于日军作战物资的缺乏，和对于英美帝国主义者的仇视，可能会突然向南太平洋进军。我把我对局势的分析和估计，写成一份报告，要政治部做好准备，派吴到缅甸、印度等回去从事调查研究，并预先印制好缅、印等文的宣传品，发给士兵载有印缅风俗习惯以及简略地图的入缅手册等，为一旦中国军队开入缅甸等国时用。报告以签呈方式送入后，张治中部长隔了好多天，才批了“从缓”二字。黄少谷告知我后，我感到失望。

我对自己这政治部设计委员的空衔，感到不满。天天把自己壮年的宝贵时间消耗在看报聊天上面，觉得很苦闷。那时物价不断上涨，这一些钱也不能养活我的全家。如果只是每月给我四百元钱，把我作为一尊小偶像供奉在庙宇中，我是绝没有这种耐性的。

1941年12月初，日军突然袭击珍珠港，攻取、中国香港、新加坡等地。当时我在缅甸仰光，得讯之下，想到我那关于日军南进的分析和估计不被采纳，不禁怅然神伤。

抗战胜利前后

不到两三个月，我已经厌倦了设计委员会的工作，不想再干下去。同时在重庆，别人看见我住在钱家，好像我依赖钱家似的，实际上我自己当卖东西度日，精神很不愉快。于是，我又产生了离开重庆，到别处走一走的想法。那时朱学范同志在重庆帮助杜月笙搞红十字会和难民救济等工作，我托他在缅甸仰光的中国红十字会办事处替我安排一个职务，我可以离开重庆到缅甸去走一下。朱答应了，于是我们全家在1941年5月就离开重庆到缅甸去。在仰光，我在华侨学校兼职教书，又办了个短期新闻学习班和短期新闻函授班。一直到1941年12月太平洋战争发生，我又从仰光回到了国内。这次回到重庆，我在国民党中央海外部当了专员，挣些工资糊口。等一切稳定下来后，我在重庆想法恢复民治新闻专科学校，这是个在救亡运动中发挥积极作用的学校，我要继续把它办下去。1942年春民治新专在重庆正式复校。我请了那时任《新华日报》采访主任的陆诒来当民治新专的副校长，陈翰伯同志来校任教导长。1942年底刘维炽辞去海外部部长的职务，张道藩继任，他要我到印度去办《印度日报》。我想在海外部也不过是尊偶像，不如去趟印度，也能增加阅历。于是我就携带全家到加尔各答，当了《印度日报》总编辑。在印度，像在缅甸一样，不久我又办起了短期民治新闻训练班和民治训练学校，学生以华侨为主。《印度日报》在印度虽然受到英印当局的迫害，又得不到国民党政府的支持，但它在华侨中发生了积极的作用，受到华侨的热烈欢迎。1945年夏季，国民党海外部见《印度日报》在印度威信日高，就另派人来劫夺《印度日报》的领导权。于是我就向海外部辞去我在《印度日报》的职务，率领部分同人携带家属回国。1945年10月底，我们又回到了重庆。这时抗战已经胜利，大家正纷纷回上海去。我因重庆民治新专的学生没有毕业，仍留在重庆，没有马上回到上海。陆诒以民治新专代校长的身份先期回去，在上海恢复了民治新专学校。1945年12月上旬我爱人和两个孩子先回上海，我是在1946年1月10日才回上海的。这时钱大钧已当了上海市长，以我和他的亲戚关系，我完全可以弄个官做做，或者当《新闻报》的总编辑。我在《新闻报》工作很久，无论编辑部、排字部和经理部等方面，我都有很多好友，我对该报也有感情，我是十分愿意出来做该报的总编辑的。不过在那时，我却绝对不能接受这一职务。因为实质上，《新闻报》这时已成为C.C.的宣传工具。C.C.考虑到我跟钱大钧的关系，考虑到我跟国民党各派关系都熟悉，又在《新闻报》有较好的人事基础，想拉我出来当总编辑。在他们看来，我是个最适当最理想的人，同时钱大钧等也希望我来当《新闻报》的总编辑，可以增强他们在上海的宣传力量。

但我深恐掉入C.C.彀中，于是我只好提出我的能力太差、资历太浅，不堪当此重任，拒绝担任这个职务。我回到上海后，由于谢绝了市政府，谢绝了警备司令部，谢绝了《新闻报》馆，谢绝了一切其他关系。我眼前只有一条路，也只有这一条路可走，就是聚精会神地搞好民治新闻专科学校和民治中小学。这是我在抗战结束后在上海的唯一工作，也是我全家赖以维持我们的贫苦生活的唯一来源，依靠这个，使我能够挺起胸膛，跟反动势力断绝关系，重新踏上人类生活有意义的道路。

我参加了中国民主同盟

我从印度返回重庆以前，中国民主同盟、民主建国会、九三学社等都已在重庆宣告成立。民盟和民主建国会中有些领导人如沈钧儒、史良、李公朴、沙千里、章乃器、胡厥文等都是我熟悉的朋友。但沈老那时似已离重庆，我第三次住重庆期间，跟章乃器、施复亮、胡厥文等有过接触。

回到上海以后，我致力于民治新专的工作。1946年春季，民治新专请彭文应来校教授政治学。他每次上完课后，总要到我的办公室中跟我谈谈。有一次他对我说，他是民盟上海方面组织工作的负责人，民盟正在发展盟员，他要我参加民盟。我说，参加民盟是可以的，问题是民盟的保密工作做得不好，在当前的政治形势下，泄露出去会使盟员蒙受不利。彭保证不往外泄露，当场从皮包中拿出一份入盟申请书，要我填写。我遵照他的要求，把表格填好。几天以后，我们在校中再度见面的时候，他告知我已批准了我的入盟申请，从那时起我正式成为民盟的成员。

约在1946年春夏之交，我到南京去。南京的老朋友见我到来，高兴地邀我到夫子庙一家饭店中吃饭，并邀龚德柏等作陪。起初谈得还顺利，后来龚德柏突然说，顾执中现在是共产党，我希望他快点改变，不然我们就不再跟他做朋友。我问他有什么证据，他说，国民党中央的通报上已说得清清楚楚，无须狡赖。我骂他无理取闹。这顿饭就不欢而散。

这时国民党的海外部也已从重庆迁到南京，我到那里去看看情形。入门后，我发现人们对我的神色跟往常不同。正在猜想之际，有一个跟我比较好的人趁别人不在时低声对我说，国民党中央最近已在致各处的通报中说我在上海参加了跟中共走的中国民主同盟，到底有没有这件事呢？我立即惊讶地感到国民党的情报怎么这样快，而民盟的保密工作为什么又这样糟呢？无怪龚德柏把它扩大起来，封我为“共产党”了。我回到上海后，立即把这件事向彭文应作了反映，要他把隐藏在盟内的特务查明，提高警惕，以保障盟员的安全。

黄毓沛夫妇（黄与我是连襟，黄妻子欧阳亚丽是我爱人之四姐）从昆明迁居上海，他们有四个十岁左右的男孩，因住所离我们不远，就考入民治中小学读书。我从南京回上海后，发现这四个孩子也各在他们的教室中，向小同学们宣传我是共产党，我爱人向他们调查这一谣言的来源，这四个孩子不约而同地说，是在家中听他们的爸爸妈妈说的。我们不再追究下去，我们懂得关于我的谣言，无论在南京或上海都是同出一源的。

我们从印度返国后，钱大钧的第二个妻子欧阳生丽私下严肃地问我爱人，五妹夫（指我）究竟是不是共产党？我爱人说，执中并不是共产党。欧阳生丽又问，那么五妹夫赞成不赞成蒋主席呢？我爱人很巧妙地答复说，抗战自然是赞成的。我在那时虽然言语行动处处小心谨慎，但我的政治态度人们看得清清楚楚，我不愿再隐蔽下去，局势也逼得我无法隐蔽下去。

反对美国扶植日本军国主义

1947年国民党反动派大打内战，与此同时，美国阴谋在欧洲复活西德法西斯，在亚洲复兴日本军国主义。美国要把这两个屠杀世界人类的恶魔重新扶植起来。中国人民吃尽了日本军阀的苦头，对美国的扶助日本，自然不能坐视。于是中国共产党领导人民掀起了一场反美扶日的斗争。

1947年秋，在上海秘密地举行了一次反对美国扶植日本军国主义的会议。我在接到通知后，毫无顾虑地参加了这次会议。我们推当时上海法学院院长褚辅成先生领衔，于1947年12月28日在上海《大公报》上发表了《我们对召开对日和约预备会议的意见》一文。意见的内容分七点：1.适时召开对日和会预备会议。2.有关和约事项的任何决议，在中、美、英、苏四国，特别是与日本比邻的中、苏二国中，如有一国不同意，即难顺利实施，希美、英两国政府放弃成见，在对日和会中，保持四强否决权。3.为了彻底防止日本军国主义东山再起，威胁我国，并扰乱远东和平，我国应坚持对日和会不能片面召开，否决权更不可放弃。4.为了遵守国际条约，为了在和会中相互声援，为了解决东北国际问题，中国不可任人摆布，参加将苏联排斥在外之对日和会。5.美国政府已完全推翻已故总统罗斯福之遗教，积极保存德、日军国主义余孽。此种引导世界走上另一战争之政策，即在美国国内已引起广大群众之反感，我政府当不至因希求他国一时区区的援助，轻易改变其立场。6.现对中国百年大计极有关系之对外问题，莫如切实防止日本军国主义再起，故我国对美国现行扶植日本法西斯军国主义再行抬头之政策，应向美政府及盟军总部提出强烈抗议。7.无中国参加之对日和会实属不可想象，要求国民党政府态度坚定，重申我国之正确立场。声明前面签名者有褚辅成、顾执中、冯宾符、笪移今、曹孟君、孙荪荃、孙晓村、孙光斌、孙怀仁、徐铸成、孟宪章、金学成、武剑西、姜庆湘、吴藻溪、李纯青、李世璋、王造时、丁星五等27人。这一意见写得相当技巧，字面上对国民党政府一点也没有触犯，但提出的主张，却跟政府截然不同，使他们难找借口予以取缔。1948年，我们又在《大公报》发表第二次声明，这一次因褚辅成已逝世，由我领衔，签名者比上次更多。第三次我们发表了《对美国积极助日复兴的抗议》，抗议书末具衔的有丁星五、王造时、石啸冲、包达三、张西曼、初大告、徐铸成、张定夫、沈体兰、马寅初、彭文应、秦含章、费孝通、秦德君、梁希、冯宾符、孙大雨、孙荪荃、焦敏之、孙晓村、孙光斌、阳翰笙、周谷城、吴泽、周予同、郭绍虞、楚图南、董冰如、寿进文、吴承禧、曹孟君、凤子、吴藻溪、宦乡、许广平、许宝骥、吴若安、许宝绿、吴耀宗、戚逸影、刘定五、武剑西、金善宝、盛慕杰、盛康年、楼邦彦、孟宪章、笪移今、郑振铎、章靳以、郑森禹、潘菽、胡子婴、潘震亚、漆淇生、胡厥文、施复亮、卢于道、戴望舒、俞寰澄、陈仁炳、王亚南、王纪华、陈巳生、陈遵源、储安平、姚士彦、洪深、洪铭声、陈叔通、肖乾、巴金、顾执中、石啸冲、涂长望、张志让、陈望道等282人。这280多人实际上多是民主党派和无党派民主人士中的主要成员，代表着中国进步知识分子的主要力量。以前两次声明，我的姓名都排在第一、第二名，后来考虑到，为了免使排在前面的人受到国民党反动派的暗害，就把后队改为前队，按姓氏笔画进行排队，这种谨慎小心的考虑，在那时的环境下，是完全必要的。《抗议》严厉地谴责了美国越来越露骨的扶助和复兴日本军国主义的行为，声讨了新抬头的日本军国主义对于我国在日侨胞的欺凌，并指出了美国对甲级战犯28人不特未办一人，且于8月31日一次释放了日本战犯“伪满洲国”工业独裁者鲇川义介、“飞机大王”中岛和久平等23人，侵华罪魁冈村宁次与长谷川清等仍逍遥法外，未加逮捕；日本法西斯得此鼓励，日益猖獗。

我们开会的地方，大部分是在沪西胶州路的李世璋家中，每次都是小规模的座谈会。人数众多的大会，限于当时的条件始终未能举行。但因为这是反对国民党政府的卖国献媚政策，我们这些人，特别是在报上公开具名的人，不久便有不少人被特务们列入了警备司令部的黑名单，随时有被逮捕和杀害的危险。

关于这个在上海解放以前展开的反美扶日运动，具体领导力量是中国共产党，大部分人包括我在内，都是被动员参加，整个运动的布置与掌握，会后的发表声明和宣言都是由地下党员负责执行的。

我参加了九三学社

1947年，我在民治新专教师笪移今介绍下参加了九三学社。那时候我正参加反美扶日运动。有一次笪移今跟我在操场上闲谈时，向我提出要我参加九三学社的要求。我含含糊糊地表示可以。隔了一个星期，笪通知我说，我参加九三学社的问题已被通过了，时间是在1947年，至于何月何日，我已记不清楚。

我成为九三的成员后，九三的上海组织便经常在我家开会。我家是在校内，那时校门首和操场内还没有特务监视，交通又颇方便，我欢迎他们在我家中举行会议。九三在沪的成员不多，出席会议的有笪移今、卢于道、吴藻溪、孙荪荃、孟宪章、武剑西、焦敏之、洪涛、洪铭声等和我。开会时大家讨论问题颇为严肃认真。

上海的九三成员在我家举行秘密会议时，我爱人参加了招待工作。那时上海南市著名的点心店乔家栅适从南市迁到学校附近，我爱人常从那里叫些鲜肉馄饨、鲜肉汤团等飨客。会议往往是从下午两三点钟开始，到五六点钟散会，大家肚里正有些饿，这种点心恰合需要。新中国成立后，在笪移今报向九三中央的关于新中国成立前上海九三成员活动的情形中，也提及这一插曲。1954年后，我调到北京，在高等教育出版社工作，社长是武剑西，他跟我爱人见面时，还一再提及当年在我家开会吃汤团的情形。

我既参加了九三，认识了不少九三成员，就陆续请他们到民治新专兼课。除笪移今原在学校教授经济学外，我还请武剑西教政治学，焦敏之教俄文，孟宪章教时事分析，吴藻溪教历史等。在政治上最艰苦的时期，九三成员在教课方面大力帮助了民治新专；民治新专的同学们也在反美扶日等运动上，支援了九三，民治新专跟九三几乎是血肉相连的关系。

卢于道跟我认识后，因他所参加的“科普”没有个开会的地方，经他的介绍，有一次“科普”的成员在民治新专的破旧教室中开了会。那时恐怖空气弥漫上海，一般学校机关为了求得本身的安全，不敢随便借给人家开会，而想借人家地方开会的团体，也恐所借的地方跟国民党反动派有关系，怕在那里开会，有自投罗网的危险。因此民治新专又像在救亡运动中那样，常常被进步团体选为秘密集会的据点，直到1948年冬天以后，上海处在黎明前的黑暗和恐怖中，大家才转入地下，不再来了。

1948年冬，上海的九三成员在笪移今和吴藻溪的主持下，在王造时的家里秘密举行了上海解放前的最后一次集会。出席者我记得有笪移今、吴藻溪、武剑西、王造时、孙荪荃、洪涛等和我。当场选出理事三人和监察数人。我和王造时都当选为理事，武剑西、孙荪荃等被选为监察，笪、吴二人则为九三中央驻沪代表。从这次会上，我得知王造时也已成为九三成员，并且是九三的中坚人物。

再次逃往香港

1948年秋冬，人民解放军在战场上取得的巨大胜利，使南京、上海方面很多国民党官吏胆战心惊，他们不得不狼狈地抛弃了上海的住宅，率领全家向南方逃跑，其中一个我熟悉的便是钱大钧。钱在这年初冬，先为五女静云办理婚事，旋即准备举家坐飞机去香港。我们在他们临走的那天得到电话通知，我跟爱人便到他家中见一面。我们明知这一别，将来见面是遥遥无期的，特别我爱人跟她的大姊、三姊等告别时，顾念骨肉之情，未免黯然神伤。这次走，他们没有托我照料些什么，因为他看见我所走的是另一条截然不同的道路，对他们来说，我是不可信托的。

我们在极度的恐怖中，惶惶不安地度过了1949年的阳历新年和农历新年。国民党特务抓人的红色警备车，日夜刺耳地呼啸着四出捉人。我担忧着会不会又像1940年8月那样的遭受枪击。我在晚上临睡时，在床侧放一件皮袍，准备万一在深夜有人敲门来抓我时，我可以把皮袍披在身上，从另一出口逃走。

约在3月中旬，不好的消息终于来了。那时武剑西是地下党员，他得知上海警备司令部已拟就一个枪杀的黑名单，我也被列名在内。他就让孙荪荃通知我，要我赶紧设法逃往他处。

由于1940年我漠视人家的好心劝告，致遭敌伪枪击，现在我决定及早离开上海，逃往香港，免遭特务的毒手。当时我在经济方面有些困难。我爱人劝我卖掉一架不用的英文打字机，再带些我爱人所用的首饰，以及我们在印度用剩下来的一些卢比作为旅费，如不够待到香港时再行设法。我就把我置办未久的那架新的轻便的“陪陪”（Baby）打字机拿到霞飞路的一家商行中求售，结果卖得之数，不多不少，恰抵一张从上海到香港去的二等客舱的轮船票。

我在未动身去港前，曾秘密地跑到开纳路一六五号史良同志家中。我告知她，我已被国特列入黑名单中，决定去香港，要求她设法跟上海的中共地下负责同志联系一下，再通知香港的中共负责同志，以便我到港时有可能跟他们取得联系。史良同志完全答应我的请求。

1949年3月25日9时半，在呜呜的汽笛声中，我离开了上海。

从香港到天津

我一到香港，立刻雇出租汽车到六国饭店，行装甫卸，就去找陆诒。那时陆诒在香港主持民治新专香港分校的工作。晤谈之下，知民治港校正在进行结束工作。大势所趋，民治新专在港的学校已没有继续维持下去的必要。在香港的民主人士，在我到达以前，已成批地由海道经天津往北平。将来还有不少人，包括陆和我在内，都必然要离港重返内地工作。除经济外，将来谁来主持港校也成问题，乘此时机，结束港校是对的。

由于陆诒的居中联系，中共那时的驻港代表潘汉年，约我在4月间的一个上午10点左右，在香港皇后大道的一个咖啡店中见面。这是我第二次跟他会见。他告诉我上海解放在即，很客气地说那时一定要借重我在《新闻报》中的影响帮他的忙。他又告诉我他不久要离港到北平去，再由北平到上海。当我对他表示我也希望能到北平去时，他要我在香港再住一个时期，等候消息。潘那时十分忙，跟我谈了二十分钟左右，便和我握手分别了。

在这期间，时代社的姜椿芳也从上海潜来香港。我和陆诒都跟他很熟，陆请他在一家广东菜馆吃夜饭，请我作陪。姜化名魏晋卿，陆诒觉得这个名字化得很妙。我那时仍沿用欧阳仁的化名。姜为人态度从容，谈话风趣，他在上海住所跟民治新专相去不远，他有时也到校中来看我。有一次闲谈到时局时，我故意表示镇静，说民治不会有问题的，他却微笑地说，民治的情形是严重的，要我特别小心。他住港不久，就悄悄地启程北行了。

我在香港生活感到极度苦闷沉寂。经过了多次考虑以后，我向陆诒提出，我决定从香港经海道坐船到天津去。陆起初劝我暂留，跟他一起返沪。我告以经济将发生问题，如再不走，就无法维持下去。陆才没有什么意见。我请陆代我购买船票。那时在港的民主人士凡要到天津去而要在香港购买船票的，都由与中共有关的组织以《华商报》名义统一代办，酌取百分之几的手续费。几天后，陆来看我，说船票已代我买好，不过为了省付手续费，是他直接向轮船公司购取的。我听了有些不高兴。因为手续费固然省了，但这越过了组织关系，我在将来到达天津或北平，难免要发生不便，甚至误会。而且我在离沪前，曾托史良同志转请在沪的中共地下工作同志代我向港方同志联系，结果，我到港已很久，还没有联系上。当时我把这一些意见告知陆，陆说无妨，他可以跟乔木同志联系，请他设法致电天津方面的负责人，为我介绍和取得联系。对这一种补救办法，我自然只能同意。我在启行以前，曾多次问陆，有没有代我向天津方面联系好，他说，乔木方面没有什么问题，不过秘密电报的拍发不是很容易，但无论如何，远在轮船到达天津前，总可以联系上的。

我于1949年5月5日的下午，从香港乘坐英国商轮岳州号赴天津。船离香港后，过了一天，我发现由组织方面办理购票的一批旅客，是有组织的。他们由周而复同志领队，有一张详细的名单，其中我所知道的就有郭沫若的日本太太及其子女，萨空了的太太和子女等。组织方面对他们的生活上的照顾是十分周到的，为了打破海上旅行的沉闷的空气，当晚举行了晚会，表演唱歌、舞蹈和短剧等许多节目。

5月14日船到天津，周而复同志率领着一批名单上的乘客，提着行李上岸。我们这批少数不在名单中的乘客，当天下午以时间已晚，不能上岸，要在船中再宿一宵，等到翌晨海关和警务人员前来检查后，才能放行。

15日早上，我们这一小批旅客，各把行李从船上提下码头，排列成行，由海关人员分别加以检查。我随身带有港币八百三十元，当即悉数拿出来，按照法令，换成人民币十万八千元。检查毕，大家离开码头，我在天津又住一天，然后坐火车前往北平。

来到北平

1949年5月16日，我从天津坐火车到达了解放不久的北平。

下车后，我在城南珠市口西大街惠中宾馆找到了可以暂时住宿的地方。行装甫卸，吃了些东西，我雇车到东长安街北京饭店，探望了沈钧儒、周新民、谭平山及其夫人孙荪荃、黄炎培、沈体兰、辛志超等同志。从此以后，我几乎天天要上北京饭店一次。在饭店中我陆续遇见了蔡廷锴、邓初民、胡子婴、邵力子、王绍鏊、沈雁冰、沈兹九、刘仲容、宦乡、许广平、郭沫若、王昆仑、章乃器、吴耀宗、李济深、王炳南等同志。此外，我也到北平市教育局看望了柳湜，也在若干场合遇见了陈翰伯、金芝轩等。我还于5月22日到基督教卫理公会看望了江长川牧师。5月23日到东城喜雀胡同看了福开森的女儿和当时住在总布胡同的张治中将军。福开森的女儿请我到她家中吃了一顿中饭，她告诉我她现在协和医院工作，不久要回美国。

5月24日下午4时左右，在中共中央统一战线部工作的金城同志到惠中宾馆来看我，问我在上海的工作情况。我把上海的反美扶日运动，以及民治新专、九三学社等的活动情况谈了谈。他要我写一份书面报告，我答应下来。两天以后，他又来看我，代表中央统战部把一本金字布装厚达一千页的《毛泽东选集》送给我。我喜出望外向他道谢后，也把我写好的一份书面报告交给他。金城说，中央统战部邀我住招待所，要我即日从惠中宾馆搬到前门附近西河沿永安饭店去。于是我从这天起，就搬到永安饭店二楼二三二号房间居住。

5月26日我阅《人民日报》时得知人民解放军已攻入上海，京沪之间的邮电交通已恢复了。我挂念着家中和校中的安全问题，立即从北平拍电给上海。不到一天，我接连收到了我爱人发来的两个复电。第一个复电告知我家中都平安。第二个电报告知我民治新专在解放前有顾、金等三个同学被反动派逮捕，临解放时，那个姓金的同学被枪杀了，要我早日回去办理善后。我归心如箭，数次向组织方面提出要求，希望早一点回到上海。组织方面劝我安心住在北平；沈衡老要我在北平住得时间长一些，学习一些新的东西，为我日后工作做好准备。

5月29日我跟中央统战部副部长齐燕铭同志见了面。6月4日星期六下午，我们集体坐着大客车到北京饭店去听报告。那天周恩来同志作了关于建立财政经济委员会的报告，刘少奇同志作了关于财政经济政策问题的报告。报告未举行前，齐燕铭同志把我介绍给刘少奇同志。最后由那时负责财政工作的陈云同志作了报告，他讲得很久，也很详细。

我从5月29日晚上的北京饭店的舞会起，一连三次遇见了周恩来总理。我向他表示急于要回上海去的愿望，他诚恳地劝我留在北平，我固执地要求走。最后他勉强地同意我的请求，说："那么你就到上海去吧！"

6月4日沈衡老介绍我会见中央统战部部长李维汉同志。6月5日我接到了中央统战部的通知，说火车已通，我们中有一批人，包括我在内，约可于三四天后动身到上海去。6月6日，在我动身赴上海前，李维汉同志约我晚上到北京饭店作个别谈话，他询问我在上海的工作状况，今后想做什么工作？我对此早有准备，因此毫不犹豫地答道我还是想搞民治新专，还想在新闻教育方面做些工作。他说，这也很好，他可以约胡乔木同志跟我谈谈。约谈了半小时，我向他告辞回去。

民治新闻专科学校教师与第二届部分学生合影（右第二人为顾执中，右第一人为摄影教师杨霁明）

6月7日晚上9时左右，胡乔木同志约我在北京饭店晤谈。他向我表示民治新专是个进步的新闻学校，党和政府决定予以支持。他要我到上海后和范长江、恽逸群、夏衍同志等接洽，他会另有电报通知他们。最后，他说全国新闻工作者协会决定聘请我为常务委员，以后有事，不妨向他联系。约10时左右，我才离去。

6月8日晚，中央统战部因我们明日上午就要离平赴上海，请我们吃了一顿很好的晚餐。第一批乘火车到上海等地去工作的，有金芝轩等四十人左右。全体分为五组，公推靳为麟为总领队，宋鸿祥为副总领队。我们包了一节车厢。组织上又恐我们在车上无钱使用，每人又各发人民币一万元。一切照料真是无微不至。6月15日，我们回到了刚刚解放的上海。

附　录

光荣的中国新闻记者

顾执中

一

在过去整整的一个世纪中，中国的新闻记者反专制皇朝，反军阀割据，反外国侵略，反独裁统治。他们只靠着一支笔，勇敢地进行战斗，承受了包括生命在内的各种牺牲。

抗战期间，在上海孤岛上，中国新闻记者的战斗，就是十分惨烈的。

1937年冬，上海除公共租界和法租界以外，全被日本侵略军占领。侵略者残酷无比，屠杀无辜人民，把头割下来，血淋淋地挂在电杆上。当时租界已沦为孤岛，但孤岛上的中国人民，在共产党的领导下，无所畏惧，依然秘密地进行各种抗日活动。《文汇报》《正言报》等抗战报纸，在恐怖的岁月中相继诞生，新闻记者的人数反而增多了，战斗的力量反而加强了！

最初，日本侵略者下令在孤岛上的中国报纸，必须接受新闻检查。检查所就设在南京路、山东路口的大陆商场内。所有报纸在未上机器付印以前，必须把全部消息的小样，送去检查。凡涉及抗日内容，一概不准发表，而凡是准予发表的，必然对日寇有利。这一来，孤岛上的全部报纸都得变成背叛祖国的汉奸报，这自然是正义的新闻工作者所不能接受的。

为了抵制日敌的新闻检查，在上海孤岛上的中国报纸就想出了一个挂洋商牌子的方法。一家中国报社，如果请一个熟识的外国人作为挂名的主人，向外国政府注了册，这家报社在名义上和法律上就成为外国报社，它所出版的报纸，无须受日本侵略者的新闻检查，日本侵略者也无权强迫它接受新闻检查。而事实上，这家报纸还是由中国人所经营。像《新闻报》，在1928年冬以前，原是由美国人福开森当董事长，向美国的特勒威州注册，直到1928年冬，福开森把他所有的全部股票，以80万元卖给史量才以后，《新闻报》才纯由中国人经营。此时，《新闻报》为了反对日寇的新闻检查，又与福开森协商，仍邀请他当董事长，仍由他向美国注册，由他派来一个美国人卜德为总经理，从此《新闻报》挂出了美商牌子，不再受日敌的新闻检查。此事，《新闻报》的负责人汪仲韦等虽进行得极为秘密，但不久仍为隐伏在该报的内奸所获悉。日寇获得报告后，极为震怒，在1940年夏，把汪仲韦列入“通缉”的黑名单内。

当时，挂洋商牌子，以抗拒日敌新闻检查之举，风起云涌，孤岛上所有的中国报纸，如《申报》《文汇报》《正言报》《华美晚报》等都纷纷挂出了洋商牌子，至于英文和中文版的《大美晚报》，原系美国人史带所创办，更不在话下。中国报纸对付敌人新闻检查这一仗，打得很漂亮，取得了胜利，但却惹恼了残暴的敌人。他们恼羞成怒，就肆无忌惮地用手枪和手榴弹等来对付忠贞的中国新闻记者。《大美晚报》编辑朱惺公首先被敌伪特务枪杀于北河南路。敌人在那时要尽无赖，使用恐吓信，信内放着一颗子弹，妄图以此来阻止中国新闻记者的浩然塞苍昊的热爱祖国的行动，结果是徒然。

敌人遭到失败，更为恼怒。汪伪政府成立后，即于1940年7月1日，发布了对上海83人的“通缉令”，上海新闻记者被列入这一黑名单的，至少在三分之一以上，旋即采用屠杀与绑架手段。8月上旬，《大美晚报》的张似旭，被敌伪特务枪杀于南京路上的起士林饭店；《新闻报》的倪澜深在归家时被绑架于弄口，拘禁数月，严刑拷打，释放回家后，即死。当时我在《新闻报》工作，也被敌伪特务枪击于爱多亚路（现延安中路）与萨坡赛路（现淡水路）口，颈右侧中弹，受重伤，经抢救未死，翌日，《大美晚报》的程振章，被无耻敌伪特务以乱枪打死于瑞金医院附近。1941年春，《申报》的金华亭也被敌伪特务以乱枪打死于高山路延安中路口。上海新闻记者纷纷殉国，其数之众，为前所未有，其壮烈真是可歌可泣！

1941年12月7日，日本军国主义者发动了太平洋战争，驻上海的日本侵略军乘机占领了上海孤岛，岛上全部报馆悉被敌人和汉奸占据。上海绝大部分新闻记者相继退出了被敌伪汉奸们所劫持的报馆，或者历尽艰阻离开上海，继续为祖国神圣的抗战而奋斗，或者宁愿设摊卖东西以度日，不肯失节。国家有幸，有这样光荣的新闻记者，出现在旧时代的上海，这是共产党在上海领导的爱国救亡运动结出的果实！

二

1937年冬，上海沦为孤岛后，《大公报》《时事新报》等迁出上海。《申报》迁出后，又迁回。不少新闻记者离开上海、北京，到汉口、重庆、桂林、香港等地继续战斗。在台儿庄大会战时，范长江、陆诒等都在前线，冒着枪林弹雨，采访战讯，为祖国作出卓越的贡献。

在那战争环境里，物资缺乏，物价飞涨，敌机时时飞来滥施轰炸，大建筑尽遭炸毁，发电厂也被袭击，新闻记者们只能在微弱的灯光下执笔工作。其艰难困苦，并不亚于在上海的新闻记者。尽管这样，生活上的艰苦丝毫没有影响中国新闻记者的战斗热情。

1940年冬，我因在上海遭到枪击受伤，偕同妻子和两个幼孩逃到重庆，自己亲身体验到在那里的艰苦生活。每年从5月起，当雾散天青的时候，敌机必大批飞来狂轰滥炸，采用地毯式的空袭战术，从最东的朝天门起，一直炸到西端化龙桥，有时还要远些。警报解除，敌机远去，全市房屋尽成废墟。坚强的中国人民立即从废墟中，用竹枝、石灰、泥土，建起临时的商店，临时的住家，毫不颓丧地依然工作，依然抗战。新闻记者们也依然精神百倍，奔走采访消息，写稿编稿，以土纸印成的报纸，鼓励全国人民抗战。

当时，在重庆等地的党的报纸，还要遭受国民党统治者的歧视与非难，无论采访新闻，还是报纸发行，都遭遇到重重困难、阻力。我与潘梓年、章汉夫等同志接触时，就了解到《新华日报》在那时受到的国民党的迫害，也是罄竹难书的。迁往重庆复校的民治新闻专科学校，有次邀请各报记者举行采访座谈会时只为了也邀请《新华日报》的记者参加,国民党中宣部立即派员到该校“调查”，给予该校许多麻烦。国民党政府的教育部，并说该校是共产党控制的，不准立案。

新中国成立以后，在各种运动中，优秀的中国新闻记者受尽冲击，但仍能保持气节，不变初衷地继续忠心耿耿地为党为祖国贡献力量，其人其事也真可歌可泣！

中国的新闻记者，在全世界的新闻记者同业中，是光荣的，是应该受到尊敬的！

三

新中国成立后的中国新闻记者还负有责无旁贷的光荣任务，这就是要使我们这个社会主义国家的报纸，在宣传教育上，力求达到高度的效能。欲达到这一目的，我们的新闻记者，特别是担负领导工作的新闻记者，必须认真地学习马克思主义，学习辩证唯物主义的哲学，不然的话，就会有封建的、资本主义的唯心的内容出现，减低和损害我们的报纸在宣传教育工作上的效能。把“四人帮”垮台前的报纸检查一下，总结一下，其教训是明显的。

“四人帮”倒台后的中国报纸，其进步是很大的。今天的报纸，不再像1957年7月开始时那样，感到“特别触目惊心”，一不看则已，一看就吓一跳，报纸的面孔，真是竖眉瞪眼，一股杀气，有点像东岳庙山门口的四大天王，口念风调雨顺，两眼却露着凶光，好不吓人，“可以说，1957年7月开始的一段时间的报纸是‘十年内乱’中的报纸的一次预演，所不同者，规模小得多，时间短得多，受灾的人少得多而已，但析丧生机，遗留伤痕，却并不浅”（《晚晴轩重读旧报随感》中语）。不但这样，有些人在那时还荒谬地把党变成宗教，把人变成神，变成上帝。由于摒弃了马列主义，违背了人民的利益，上海的《文汇报》在一段时间里，“销数曾一落千丈，最少时，跌到五万份左右。经过六七年的惨淡经营，到‘文化大革命’前夕，销数才逐渐爬到十五万份”。今天由于《文汇报》挣出了死胡同，努力地宣传党的路线、方针、政策，为人民、为祖国服务，才重新赢得了读者的信任，使其销数达到了一百七十万份左右。今天我们的担纸在宣传教育上效率的提高，是应该值得重视的。

不论过去或现在，中国的新闻记者，都是战斗得十分光荣的！

四

由此，我感到《新闻记者》（月刊）的责任是重大的，作为纪念逝者和鼓励后人，她应该继续不断地发掘和发表以前不同时代的中国新闻记者在艰苦岁月的光荣的斗争史，她应该在全国的新闻记者间起着彼此团结与互助的作用，使中国的新闻事业越来越走向光明，为祖国的富强、人民的幸福而努力！

祝《新闻记者》在战斗中不断取得胜利！

（原载于《新闻记者》，1983年第7期）

能终身当记者吗

顾执中

去年，我曾和老伴到东北各地旅行，很高兴能跟许多新闻单位的同业晤叙。在多次的接触中，我发现了一个值得重视和探讨的问题，即：“我们能不能终身当记者？”《吉林日报》总编辑李准同志极力主张新闻记者应当终身做下去，一升官，弃职而去，是对新闻事业极为不利的。他的主张，很为精辟，我完全赞同。

终身当记者的主张，自昔已有。我记得美国的新闻教育家威廉博士曾以此作为新闻记者信奉的信条之一。但当时能忠实实行这一信条的，为数却不多。于右任、叶楚伧、邵力子等不能当终身记者，这不足为奇，他们是国民党的中坚，记者的工作，不是他们主要的任务，自然就无法终其身。陈布雷原是上海《商报》的记者，1928年给蒋介石拉去做了官；潘公展初时在上海以新闻工作见著，嗣以与CC系的关系，也被改入了宦途；程沧波原是上海《时事新报》的职业记者，抗战时，在重庆当上了国民党中宣部副部长；而有些人甚至还给汪精卫拉去，当了汉奸官。新闻记者经常在政治阵营内活动，要当官，有各种捷径，颇为容易；而不愿升官，自甘淡泊明志，倒有些困难。

可是，那时终身当记者的，还是有的。1926年，邵飘萍、林白水遭军阀张作霖枪决；1937年到1941年上海沦为孤岛时期，朱惺公、张似旭、程振章、金华亭等许多爱国报人，先后遭到日寇特务的枪击暗杀。他们都为祖国献出了生命，实现了自己终身当记者的信条。1941年冬，日寇闯进上海租界，接收报社时，有不少爱国的新闻记者，纷纷离开岗位，甘愿打破饭碗，以保持作为一个记者的气节。这些都值得人们钦敬。

应该鼓励当终身记者。李准同志的主张，是解放以来，我第一次所听到。他感到一个记者刚刚对工作有成就时，就去做官，对新闻事业实在是个损失。他邀我向《吉林日报》的同志作报告的时候，我就对终身当记者的主张，表示拥护。但我以为这种主张的实现，必须是辩证唯物的，不能是唯心的。报社应该处处时时结合国家与人民的利益，团结全社职工，把报纸办得好起来，销量大，有盈利。不过在盈利以后，必须时刻不忘工作同志的辛劳，必须以盈余的若干部分，用来提高新闻工作者的生活待遇和改善记者的工作条件。以不嫉贤、不忌才的广阔胸怀，运用一切可能来提高记者在人民中间的地位。试看当年的《大公报》，她的销量、经济实力，都不及上海的《申报》《新闻报》，可是该报总编辑张季鸾善于任贤使才，因而涌现了诸如王芸生、范长江、费彝民、徐盈、曹谷冰、徐铸成、孔昭恺、李子宽、王文彬等不少在社会上具有一定地位的名记者。他们的名誉往往比有些政治人物更为崇高。他们见官不做，见钱不贪，见势不抓，高风亮节地终身当记者。这里还可以提及过去上海的《新闻报》。这个报社对年轻努力的记者，舍得下本钱，常常资助他们出国学习两三年，待学成后回来工作，就可以发挥出更大的作用；而对年纪稍长的，则出资给他们出国考察一两年，使他们得以看到世界之大、宇宙之广，回来后，再在报社工作，其成就自然更辉煌了。这种重视人才的做法，可以借鉴。这样做，报纸一定能为人民服务得更好，一定能使报社编辑部的工作同志，乐于当终身记者。我们不能要求我们的记者当苦行僧，没有必要的物质基础，而要求人们去当终身记者，这是唯心的、不科学的。我们必须用科学的马列主义的辩证唯物的原则与办法，来实现终身当记者的愿望。

当我们离开长春，搭乘火车他往的时候，在同一车厢中遇到了一位记者，他滔滔不绝地向我陈述现今当记者的苦恼。他直率地说：有些不懂新闻、不明宣传的负责人，时常给我们许多麻烦与苦恼。他们对新闻没有时间上的敏感性，又不负责，有的还要不时算旧账。他一连讲了一个多小时，我俯首静听，深表同情。我感到记者的这些苦恼，也是应该予以解除的。不然，怎能要求他终身当记者呢？

总之，我们还需要新的制度、新的政策，来鼓励人们当终身记者。

(原载于《新闻记者》，1985年第2期)

我与戈公振

顾执中

我们祖国的新闻记者，在新中国成立前，当祖国陷于可耻的殖民地的地位时，他们用笔战斗，跟帝国主义者斗，要求取消不平等条约，要求收回租界；跟军阀斗，不论是北方的，还是南方的，反对他们媚外卖国，日寻干戈，残民以逞；跟日本帝国主义斗，反对它侵略中国，发动九一八事变，攫取东北四省，发动七七事变，全面发动侵华战争，长达八年之久；跟国民党反动派斗，反对蒋介石的打内战和对日不抵抗，反对蒋介石的独裁，使人民的生活陷于苦难的深渊；跟一切反动统治者斗，支持人民革命力量的解放战争，缔造新国家，建设新国家。在我们的记者中，在那时，有的被军阀所枪杀，有很多在上海被日伪特务所枪杀，前仆后继，从不退缩。中国的记者其战斗是勇敢的，其贡献是伟大的，世界上没有任何国家的记者能与之相比，他们都是好记者。戈公振先生，就是那时为大家所知道的一个好记者，他忠实而又进步，好学而又努力于新闻教育。虽然他的辞世迄今五十年，人民还是没有忘掉他。

我于1923年进入上海的《时报》馆当外勤记者的时候，公振已在《时报》工作，主编《时报》的星期画报，那时他已30岁，我则仅25岁；他已在《时报》工作了九年，我则是初出茅庐，双脚只在新闻界走出了第一步。那时的《时报》由狄楚青卖给了富人黄伯惠，狄对文艺有深造，在他手中培育出的《时报》，盛开着文艺的花朵，为知识分子所喜爱。比及那个庸俗商人黄伯惠接手，他请陈景寒（号冷血）为挂名总编辑，老学究金剑花为实际总编辑，把那位富有思想与才能，业已在《时报》工作多年，对《时报》革新做过不少贡献，首创《图画时报》的戈公振，放在二层楼的小室中，像在冷藏库中，编《星期画报》，真是《时报》的损失。我是在三楼的编辑部工作，一有余暇就下去看他叙谈，他生得身材高大，待人谦和，工作勤谨。他对新闻教育十分重视，早在20年代，他在南方大学、大夏大学等校，教授新闻学，这样再挨过了三年多的在《时报》馆的“冷藏库”的生活，公振就于1926年冬，离开了《时报》馆，悠然搭法轮到欧洲去旅行与考察。我呢，也于那年末，离开《时报》而转到《新闻报》当外勤记者了。公振在国外的活动我未注意，不过他曾写了不少的考察的文章，在报刊上发表，跟我常有鱼雁往来。1928年秋，从他的复信中得知他就要回国了，我就跟他在信中讨论回国后的工作问题，我希望他进《新闻报》，他复信表示可以考虑，至于《时报》既不重视他，他也弃之如敝屣，自然不成问题了。我向《新闻报》当局提出邀请公振加入《新闻报》的建议，报社当局也同意，但不甚积极。这样，当1928年底公振返国抵上海时，就为《申报》主人史量才所抢得，改在《申报》工作，任总管理处设计部主任。可是公振进入《申报》后，也未能得伸其抱负，得展其所长，原因是以陈景寒为首的《申报》编辑部壁垒森严，把守得像铜墙铁壁，不容他人闯入，史量才自然不敢动摇他的报纸的阵脚，只好把戈公振、李公朴等新人物，另作安排。公振乃负责为《申报》编画报，李公朴则在大陆商场，以大部分精力办量才补习学校。《申报》原是没有星期画报增刊，经公振这一来，使《新闻报》大为震动，深怕《申报》从此增加销数，超过《新闻报》，使《新闻报》广告减少，影响经济收入，于是也同时增刊了星期画报，由戎负责编辑。直到1932年一·二八上海第一次抗战后，双方才同时停刊。

戈公振是英勇而爱国的新闻记者，虽然在年龄上比我大几岁，精力也比我差，而当上海一·二八抗战行将结束之际，他仍参加了国联李顿调查团的中国代表团，他和我两人冒险进入东北日寇所侵占地，调查和采访在枪瓢下生活的东北人民的实况。因只有公振和我两人代表全国报社前往“虎穴”活动，我比较年轻，所以上海日报公会就要求我把所采访得到的，写的消息，不能只供给上海《新闻报》一家，还要同时供给上海《申报》，天津《大公报》《益世报》和北平《京报》，我以急于完成这一任务，就比公振提早离开东北，赶返天津写稿和发稿了。

那次公振和我一起从上海，追随李顿调查团和顾维钧率领的中国代表团乘火车赴南京，略事停顿，全团即搭军舰从南京赴汉口，又从武汉搭原舰到南京下关，改搭火车到北平。一到那里，虽然还不是日寇占区，却是日寇的势力范围，情况就严重起来，几天后，全团又离平津到塘沽乘中国军舰赴大连，那里就是日寇的侵占区了。

一路行来，我跟公振同搭一火车，同乘一军舰，到大连与沈阳等地的狼穴中，又同住在一旅馆，所以我们的情况，彼此都了解得清楚。据说他在离北平前，曾写下遗嘱，交给他的堂弟保存。从外表看，他始终是坦然无所惧，没有一些惊慌失措之状。一进入沈阳，李顿调查团及中国代表团都给敌方安顿于大和旅馆，即现在的辽宁宾馆。我和公振的房间同在一层楼，各据一室，情况确是严重的，可是出于国际和外交上的原因，日寇只派了许多日本特务公开地追随我们。李顿爵士和五国调查委员，以及中国代表团长顾维钧，各有日本特务四人，其余团员则各有两人。我蒙日寇特别“照顾”,也有四个日本特务寸步不离地跟着我，因为我在东北的“名气”比公振大，九一八事变时，我即进入东北，写了长篇的对日帝不利报道，他们记忆力很好，对我恨如刺骨，见我这次又敢来，就加倍地“照顾”我了。这些日本特务对公振和我说：“我们不是来监视你们的，是来‘保护’你们的，东北的‘土匪’多，治安不好，你们不要背着我们乱走，以免遭到不测和危险。”明知这是威胁，可是我们不能理它。公振有一天潜出宾馆，去到城内张作霖所住的帅府及其北大营各地视察，为日寇所发觉，当即被日伪宪警拘留，后经代表团交涉放回。翌日，日寇的御报《顺天时报》竟刊载着“排日记者顾执中偷看帅府”

的消息，代表团中人看见了，都为我捏一把汗，为我担忧，我却无动于衷，自幸对公振无形中起了些掩护的作用，使他的工作更有收获了。我获得了足够的消息后，即赶紧离开东北潜往天津，在旅馆中关起门来，写我的长篇报告《东北吁天录》，分送南北报社发表。公振则迟至数星期后才返。有的史料说他遭逮捕，则不是事实。

从东北回上海后，公振在《申报》仍无法展其所长，他于是就在那年，即1932年秋，又出国远游。这次，他对国内外局势看得更清楚了，思想上更有进步了，就长住在苏联首都莫斯科，从事对苏联的研究。1934年2月起，我偕爱人出国旅行，在法、英、意、德、奥地利、捷克、波兰等国，度过了一年多以后，我从西欧到苏联旅行，1935年4月下旬，到达莫斯科时，他曾和他的侄儿宝权到车站来接我，并为我安顿于红场附近的一所大旅馆中，处处照料我，令我心中万分感激。但我夫妇二人无法在苏联久住，因为苏联的生活费用，远比英、德为高，我们旅囊羞涩，何能久留？约一个多月后，就离苏联而去丹麦等地旅行了。我们于那年夏天到了美国，秋天到了日本，9月底从日本门司，乘日轮赴塘沽返回国，经历了天津、北平、武汉、南京后，于1935年上旬，回到了上海。

我们乍回上海，正忙于会晤久别的亲友和处理杂务之际，不料公振也取道西伯利亚，经海参崴南下返国，于1935年10月15日下午抵达上海。我未得消息未到码头去接他，更不知他下榻何处，未到旅馆去看他。我正要设法去看他时，又不料他竟以盲肠炎于1935年10月22日溘然逝世。他返国在沪，仅一星期，竟匆匆如此离开人世，实使人伤心！他仅享年45岁，一代好报人，就如此含恨以终。

那时，我沉思如果公振不死，他将怎么办呢？在他于1935年10月中回到上海以前，在上次，即1928年底，第一次回国时，十分器重他尊敬他而邀请他加入《申报》工作的知己者史量才，已于1934年11月13日，在沪杭公路上，为国民党特务所杀死了。《申报》中再也没有知己去邀请他参加工作了。《新闻报》馆中，也没有伯乐，识此报业中的千里之马。至于反动的国民党政权，那时正势焰熏天，镇压人民的抗日救亡运动，任意把进步人士当作共产党加以残杀，他们反苏反共，对戈公振这个爱国的进步的报人，不但不欢迎，也岂能容忍。所以当时有不少人说，公振的突然死亡，是一种政治方面的阴谋，虽乏实据，却不为无因。一代好报人像戈公振先生有才识、有学问，著有《中国报学史》等巨著，虽是旧社会出身，却有新思想、新进步，处处显示出他的爱国爱人民的言论和行动，但他竟是道大莫容，许多人漠视他，不了解他，有的人器重他，但是无法使用他，使之在中国的新闻事业上，得施展其才能。自然还有些反面的人嫉视他的进步，不能与之相容。在旧社会像戈公振先生那样的好报人，往往要历尽艰苦，或才获得一些成就，或竟不幸抑郁以终，一无施展其抱负的机会。生不逢辰，公振若生于今日，必能有以自见，不致赍志以终。

屈指，公振离开我们西去，已是匆匆五十个年头了，既是同业，又是同事，追悼之余，写此以为纪念。

1985年4月30日写于北京

（原载于《新观察》，1985年第20期）

阅报随感

顾执中

我从20岁左右起，直到现在93岁，70多年来，与报纸有缘，天天要花些时间，阅看好几种报，不过看法和重点，各有所不同。从前我是上海新闻报馆记者，我的阅报，是阅看当地当天出版的各种报纸，如《新闻报》《申报》《时报》《时事新报》《商报》等。喜欢把当天出版的报纸上的消息内容，一一作比较，特别把竞争对象目标最大的《申报》，详细地比较，看哪条新闻，我们有他们没有，哪条新闻我们写得比他们好，看他们有没有新闻为我们所没有，我们所脱漏掉，我们写得不好。我是在新闻竞争的观点上阅报。

现在我还爱阅报，我已退休多年，只在每天上午阅看多种从各地寄赠给我的报纸，有四川的《重庆晚报》，湖北的《武汉晚报》，天津的《今晚报》，上海的《新民晚报》和《消费报》。多年前，有新疆的《乌鲁木齐晚报》，广州的《羊城晚报》，上海的《文汇报》久已停寄了。如这些报不停寄，我的双目、我的脑袋，简直要穷于应付。但我曾是报人，从不厌报。

可是现在，如以我们同院中各家来讲，从附近我的邻居来讲，阅报人有些减少了，他们对有些报纸不大感兴趣。我仔细想想其中一定有原因。第一，报纸来得太迟。从前，清晨六七时，报纸就送到家，大家可以在起身以前，在床上阅读报，大致在吃早餐的时候，同时可以阅报，是一种精神上的慰藉。现在北京由邮局送报，非苦等到上午10时半左右，看不到报纸，这时大部分人已离家上班，无法看报了。第二，有的报，文字太雅，文章太长，而且一般社会新闻太少。有些社会新闻看来分量不重，但大家都感兴趣，如邻近一家失火，惊动四邻，群起扑救，把它扑灭了，尽管是小新闻，群众却关心，在过去如果抛去不发表，大家就认为这张报纸消息不灵通，舍之而另看他报了。

尤其是现在从早上5时半起，电台发布的各种新闻，从农村新闻起，以至政治经济等各款新闻接踵而来，而且一直要广播到深夜11时，只要打开收音机或电视机，新闻就来了，随便你听你看，这样一来，人家就不一定出钱订报纸了。这种现象，不但中国有，美国早就有了。因此报纸要争取发展，扩大销路，就要丰富内容，增加“独家新闻”，办得生动活泼。

4月5日

名报人顾执中生平

李慕真

一代名报人顾执中自于1923年入上海《时报》，1928年在上海创办民治新闻专科学校，至1996年在北京逝世，他为中国之新闻事业奋斗了73年，兹略述其生平作为纪念。顾执中，1898年（清光绪二十四年），生于江苏南汇县（今属上海市）周浦镇，原名效汤，小名水根。祖父为木匠，父在乡设塾教书，以家贫，举家迁沪。17岁入学于中西中学（东吴大学二中前身），五年毕业。1923年由慕尔堂牧师江长川介绍到《时报》任记者，1927年被《新闻报》总经理汪伯奇请去任记者，后任采访科主任，并在他兼任校长的景林中学开设新闻科，此为他从事新闻教育工作之开始。1928年创办民治新闻学院，国民党政府不予立案，即在第二个学期改为民治新闻专科学校。1933年参加陇海铁路局局长钱宗泽发起组织的陕西实业考察团的陕北考察组，组长为石油专家、实业部技正胡博渊，同组的有画家沈逸千、地质学家冯景兰（冯友兰之弟）及胡厥文等17人。考察回沪后，加入中国民权保障大同盟，被推为上海分会理事。这年又与他的学生陆诒等五人组团先后往青海、川康考察。1934年1月，顾与蔡氏离婚并与唐氏解除同居关系后，即与他创办的民治中学学生欧阳恺丽结婚，2月，偕同新婚夫人出国，自香港、西贡先后游历法、英、奥、德、瑞士、意、捷、波、苏联、丹、美、日等国，至翌年9月回国。此年正值抗日救亡运动高涨之时，乃即参加救国会，任执行部总干事；同时参加陶行知发起的国难教育社，被推选为常务理事兼宣传部部长。

1937年“七七”抗战开始后，上海成立文化界救亡协会，顾与钱俊瑞同被选为常务理事并分任组织部正副部长。“八一三”淞沪抗战时，他在民治“新专”开设战场记者短期训练班。11月上海沦陷后，参加许广平等发起的秘密组织星二聚餐会，秘密为苏浙地区之游击队募捐医药品。1938年11月上海地方协会组织上海人民慰劳团，成员有王纪华、朱立波等10余人，由顾执中任团长，率团前往浙江金华第三战区，由司令长官顾祝同及新四军军长项英分别设宴接待。

1940年继《申报》编辑瞿绍伊、《大美晚报》编辑朱惺公遭汪伪特务暗杀后，8月17日下午，顾执中在萨坡赛路（今淡水路）亦被狙击。他颈部中了一枪，即狂奔到南洋医院，后转入广慈医院。在伤未痊愈时，便化装成天主教神甫潜去香港，后到重庆，《新华日报》社长潘梓年、章汉夫设宴欢迎，并由采访部主任陆诒引见于周恩来。其后郭沫若等文化界人士在中苏文化协会开欢迎茶会，蒋介石也约期与顾会见。

1941年，国民政府军事委员会政治部聘任邓初民、顾执中等七人为设计委员。三个月后，朱学范介绍顾以中国红十字会名义去缅甸。他在仰光给《觉民日报》写时事评论，并假华侨闻人陈孝奇为校长的国民小学办短期新闻班，所有课程都由他一人担任。1941年12月7日，日寇偷袭珍珠港，1942年1月，仰光遭轰炸后回重庆，中央政治学校新闻系主任马星野聘他为校外教授，同年与老舍、张恨水、巴金、茅盾同被聘任为国民党中央文化运动委员会委员。又与董冰如（曾任李济深、蔡廷锴等成立的福建人民政府财经委员）同被国民党中央海外部聘为专门委员。

1943年2月，民治新专在渝复校，由于右任、孙科、邵力子等为校董，但教育部部长陈立夫仍不予立案。1944年5月，海外部派顾执中到加尔各答任《印度日报》社总编辑，后任社长。1945年8月，抗战胜利。10月调回重庆后仍主持民治新专校务，同年，冯玉祥邀请顾执中、陈仁炳、唐亚伟等参加他组织的利他社，顾任常委。11月与陈翰伯、陆诒、薛大元等20余人发起成立民治通讯社。1946年1月，顾回沪，民治新专和民治通讯社同时迁回上海。此年由彭文应介绍他参加民主同盟。11月，民治通讯社被上海市警察局局长宣铁吾下令封闭。同年参加九三学社。

1947年、1948年三次参加上海人民反对美帝扶日运动，第一次在抗议书上签名的有褚辅成、王造时、徐铸成等27人，第三次有282人，在抗议书上顾执中列衔首名。1948年，上海市教育局下令取缔民治新专，顾即潜往香港，此时在香港的国新社分社主任陆诒已设立民治新专香港分校。

1945年5月上海解放后，顾执中由香港到北京，周恩来接受他的要求，同意他仍回上海办民治新专。1951年，民治新专设立工农班各一班。1953年2月上海高等院校调整时，民治新专与复旦大学新闻系合并，顾执中任教授。1954年6月，调往北京任高等教育出版社编审。1957年5月在马列主义学院学习时被打成“右派分子”。1978年中共三中全会后“改正”，1989年被遴选为全国政协委员。其后，先由他的学生，重庆市人民代表大会常委会主任王文彬和北京人民出版社总编辑张惠卿在重庆和北京恢复了民治新闻专科学校。顾年逾90，仍在北京的民治新专授课。

1996年春，顾因在家中往书架高层取书时不慎跌跤，从此不起而去世，享年99岁。遗有著作《西行记》《到青海去》（与陆诒合著）、《战斗的新闻记者》《报人生涯》等四种。

老报人顾执中二三事

李慕真

2005年为老报人顾执中逝世之十周年，兹记其二三往事，作为纪念。

他于1928年任上海《新闻报》采访科主任时，因鉴于当时上海的记者多有揭人隐私向人敲诈行为，私生活则吃喝嫖赌毒俱全，遂创设民治新闻学院（后改为专科学校），目的在培养一批新型的新闻工作者。当时全国仅北平燕京大学设有新闻系，上海复旦大学中文系设有新闻课程。专门的新闻学校仅此一家。他以“民治”作为校名，是取自美国独立后的“民有、民治、民享”立国三原则。其后他毕生的心血都倾注在新闻教育上，1940年他在上海遭汪伪特务暗杀，子弹穿过颈部，幸未致命，在广慈医院（今瑞金医院）治伤时，化装为牧师逃出上海，经香港到缅甸仰光，任《中国新报》编辑，并得到当地华侨教育界名人陈孝奇之助办了新闻短期讲习班。1944年他到印度加尔各答任《印度日报》社社长时，也办了新闻短期讲习班。1946年，他又在香港设立“民治”分校，由香港国新社主任陆诒兼任校长。

他于1941年12月日寇进攻缅甸时从仰光到重庆，由《新华日报》采访部主任陆诒引见于中共中央南方局书记周恩来，周设宴招待并支持他在重庆开办民治新专。1944年初，他去印度办报时，周恩来接受他的请求，同意由陆诒兼代校长。并为了工作方便而将陆诒调任《大公报》采访部主任，又推荐时任《新民报》副总编辑陈翰伯为教务长。1946年春，他自重庆回到上海，民治新专恢复在沪招生。但因他在学校开设政治经济学、马克思主义哲学及俄文等课程，并带领学生参加民主爱国运动，多名学生被捕，一名学生牺牲，国民政府教育部下令封闭民治新专，由上海市教育局执行。他即与局长顾毓琇交涉，顾毓琇当即表示不执行教育部之命令，民治新专得以勉强维持。

1948年2月，他被迫离开上海到香港。4月，中共开始疏散一部分在香港之民主人士到解放区，由廖承志主其事，并由陆诒具体办理疏散工作，但在疏散名单上无顾执中之名，他对陆诒大为不满，1949年上海解放后，他从香港到北京面见周恩来时，提到此事，周恩来即向他解释，因当时考虑到他有国民党的上层关系（曾任上海市市长的钱大钧及上海警备司令李及兰二人是他的连襟）,安全问题不大，且交通条件有限制，故未将他列入疏散名单；周又希望他仍回上海办民治新专，1951年，他得到华东新闻出版局局长恽逸群的支持，民治新专面向工农招生，培养工农新闻工作干部。

1953年2月，上海高等院校调整，民治新专与复旦大学新闻系合并，他调任复旦大学新闻系教授，但未到任。1954年5月，调任北京高等教育出版社编审。1957年到社会主义学院学习时，他在大鸣大放中，提出恢复30年代的救国会等主张而被打成“右派”，在露天会场向他进行批斗时，他愤而以头碰树自杀未遂。1979年，他的“右派”得到更正。1983年，在重庆的“民治”校友开办了民治新专；同年他也在北京恢复了民治新专，他虽已是87岁高龄，仍到校讲课。1995年2月，他已是98岁高龄老人，一日，因站在凳子上向书架高层取书时跌倒在地，即送入医院救治，从此不起，终于4月18日逝世。

顾执中生前还办过民治女中、民治小学。1946年1月，他在重庆与陈翰伯等人发起创办民治通讯社，但正式发稿，是在当年5月民治通讯社迁沪后开始。国内稿件，由顾执中、陈翰伯、胡星原三人负责，并由“民治”学生实践采访活动供稿，海外稿件由印尼《侨声报》薛大元负责。当时上海《大美晚报》《联合晚报》《文汇报》《大陆报》等采用了民治通讯社发出的新闻及通讯。1947年民治通讯社被上海市警察局局长宣铁吾下令封闭。1952年，他在上海办了《通俗报》，并于这年与陆诒、薛大元接办了上海基督教女青年会的妇女学校，改为依群妇女学校。

他生前有一怪癖，即一生不洗澡，虽在炎暑，也只用热水揩身而已。他说洗澡会使人失掉元气。他曾偕其夫人欧阳恺丽环游全球，具有进步思想而竟有此怪论，真使人难以理解也。

顾执中“读者有其报”的设想

李慕真

顾执中于1944年在加尔各答任《印度日报》社社长。1945年，中共代表董必武赴旧金山出席联合国大会，途经印度，顾执中写了一篇题为《欢迎董必武先生》的社论，得罪了国民党当局，被迫回到重庆。1946年2月，他在重庆发起创办民治通讯社之同时，提出了“读者有其报”的主张。他认为国内现有的报纸，有属于各个政党和国民党内各个派系的，有属于军方的，还有属于宗教教会和由工商界大老板出钱办报的，却没有一家完全由平民百姓自己的报纸，于是他提倡“读者有其报”，不代表任何政党和各种集团的利益说话。由社会中低层的平民百姓集资办报，先办小报，以后再发展为大报。他的这个设想，并未在社会上得到多少响应。但他几十年来始终没有放弃他的“读者有其报”的理想。1957年，他在北京被打成“右派”。1979年，他的“右派”问题得到改正。1983年，他被遴选为全国政协委员。在政协开会时，他写了一个提案，提出“开放办报”。容许民间办报和办通讯社的主张，但他的这个提案在政协新闻界委员中征求签名附议时，新闻界的所有委员一致拒绝，并劝止他提出这个提案，使他十分尴尬。这个提案终于自行取消。

86岁的特约记者顾执中

葛 娴 陆宏德

去年，白发苍苍的顾执中，已是85岁高龄了，居然兴致勃勃地应聘为新华社特约记者。他受聘之后，接连写了几篇通讯，内容生动，趣味盎然。他的第一篇署名新华社特约记者的通讯《知友重逢养老院》，登在1982年6月3日《上海文汇报》上。新华社特为此加了《编者按》，赞扬他“至今仍然十分热爱新闻事业”的精神。

今年，在一个春色宜人的日子，我们去访问了这位新闻界老前辈。

顾执中中等身材，戴副近视眼镜，虽病体初愈，但步履仍很稳健。

“我正在编一本书。”他说，“我一生历尽坎坷，稿件大多散失，现在搜集到的，已不及十之一二，我把它们编成一本书，取名叫《余烬集》。”

我们接过了他的书稿，翻看了一下。书中有社论，小评论与随感，研究与讨论，新闻报道，游记，纪念与回忆，杂文及诗共8类。

（一）

顾执中于1924年秋到上海《时报》工作。1925年，他当外勤记者的时候，正是帝国主义制造“五卅惨案”的那一年，他立即到南京路上去采访，揭露敌人的暴行。1926年，在公众舆论的压力下，“五卅惨案”的杀人凶手在上海受到公开的审判，他又用他的笔，把事实真相公之于世。1928年，济南“五三惨案”发生了，他又奔波在第一线，详尽地写出调查报告。1932年“一·二八”抗战开始后，他更冒着生命的危险，到最前线的战壕里去采访，迅捷地写出了大量的战地新闻。

“我说说我所经历的一件趣事吧！”顾执中说，“1928年6月2日深夜，我在北京发了一个电报给上海新闻报馆。电文是：‘上海汉口路274号陈达哉先生：二弟拟于本日晚偕小妾离京，所有家务，托郭务远先生管理。’”

谁能想到，这封电报会是顾执中发出的一条事关大局的要闻哩！那时，他是《新闻报》驻北京的记者。

“我哪有什么小妾啊！”顾执中风趣地说，“这个电报中的‘弟’，是指张作霖，‘小妾’，是指张的眷属，‘郭务远’便是‘国务院’。陈达哉是《新闻报》的编辑，‘274号’，当然是新闻报馆的地址了”。

这真是一封没有约好的密电了。新闻，电报，为什么要这么发呢！原来，当时正是北伐战争紧张时期，5月底，顾执中刚从陇海线和津浦线上采访战讯回到北京。一到北京，他便又忙于从驻外使团和中外记者等一些地方了解新的信息。很快，他预察到：张作霖在北京停不住了，要逃回东北。但是，这个消息是保密的，也看不出明显的迹象。他就跑到北京站去看动向。果然，张作霖的行李已经搬到车站来了。他想，张作霖逃跑，这是中国的一件大事，就赶回梁家园的新闻报北京办事处报告，打算给上海《新闻报》发电报。可是，电报局里有张作霖的新闻检查员，电报要经电报局发出。这样，非但通不过，还有杀头的危险。然而，又急需把这条新闻发出。

“急中生智”，顾执中说，“我考虑了几分钟，便想出了一个花样，发出了上面讲的那份电报。”“因为”，他接着说，“陈达哉是一个头脑清醒的编辑，他又极注意北京的动静，所以我想，他定能猜懂我的意思。”

果然如他所料，6月2日深夜电报发出，6月3日的《新闻报》上，就用大字标题报道了一条独家新闻：“张作霖偕眷属今晨逃离北京。”

顾执中说：“对于形势的估计和分析，这当然是一个新闻记者在采访活动上最重要的一个问题了，但是，他还要机警、沉着、敏捷。新闻记者主要是写新闻，写不出独家新闻，没有分秒必争的精神，就当不好一个记者。”

（二）

“爱祖国，勇敢的战斗精神，这就是我们中国新闻记者的传统作风。”当人家问顾执中什么是中国新闻记者的传统的时候，他就用这句话来回答。

中国新闻记者具有革命的传统作风。在反动政权的统治和压迫下，许多新闻战士为了真理而牺牲了。

“我有一个同事”，顾执中说，“他叫倪澜深，是新闻报的编辑。他常对人讲，我是不问政治的，我是个菩萨心肠，敌人和汉奸决不会来加害于我。哪里知道，他也被列入敌伪通缉的黑名单，一个月后就被匪特绑架囚禁受毒刑，几个月后就死了”。

那是1940年，帝国主义侵占上海以后，即勾结汉奸特务到处抓人。当时，在被通缉的一张83人的黑名单中，新闻记者就有23人，占到三分之一以上。

“我也是黑名单中受通缉者之一”，顾执中说，“许多很好的记者、编辑无辜地惨遭杀害。”

谈起这些，顾执中很愤慨。他说，大家从血的教训中体会到，不拿起笔来斗争，不求得斗争的胜利，哪里有祖国的独立和自由，又哪里有自身的安全和解放呢？所以，他也拿起笔来战斗了。

“有一次”，顾执中接着说，“军阀孙传芳在江西前线打了败仗，上海有一张中国人办的英文报纸，叫《公论报》，那个报纸的总编辑谢福生，一天在报上刊登了孙传芳的一张照片，在照片下面排上一句话：'The Setting Sun'（没落的太阳）。就为这句话，加上他平时不肯忍气吞声，他就立刻被关到狱中去了，吃尽了苦头，但他不屈服，表现了一个新闻记者的爱国之心和刚毅的性格。

"1940年8月的一天下午，我正到新闻报馆去工作，途中遇到匪特向我开枪，击中我的右颈，血流不止，我急忙转向奔跑，才幸免一死。后来到医院取出子弹，如今还留下颈痛的后遗症。"顾执中边说，边让我们看他颈部的伤疤。

顾执中强调说："成批的报界知名人士，像邹容、邵飘萍、史量才等等，他们惨遭杀害了，是人所共知的，但是，还有许多不知名的报界人士，他们同样也是为了祖国的独立和自由，而献出了自己的生命，像《大美晚报》的记者朱惺公、张似旭、程振章，《申报》的记者金华亭，《新闻报》的编辑倪澜深，等等，当时在日伪和国民党统治区，斗争更残酷，他们热爱自己的祖国，痛恨反动统治的压迫，追随共产党，受到党直接和间接的领导，用他们的笔写到流尽最后一滴血。他们的功绩，同样应该受到人们的尊敬。"

（三）

顾执中不仅积极从事新闻实践，也非常热心新闻改革。他1957年5月31日写成的《报纸的发行问题》，就是其中一例。现在读它，仍然发人深思。

在这篇文章里，顾执中说："办报纸而不讲究发行工作，尽管把报纸搞得新闻好、社论好、副刊好、编排好和印刷好，然而只要这一环搞得不好，所有一切的好，都要彻底垮台。"

这话切中了当时报纸不重视时间要素的要害。

顾执中对我们说："那时报纸好像存心要同读者作对似的。当'八大'开会的时候，英、法侵略埃及的时候，读者越是焦急地要看报纸，报纸就好像有规律地出得越迟，8点，9点，10点，11点，中午，甚至午后2时，都不一定。这种迟缓大大地减少了报纸在宣传上的力量。有的读者可能先入为主地在暗中相信敌人的广播和谣言。"

"那么你现在什么时候能看到当天的报纸？"

"一般是在上午9点左右。"这位住在城南的老人满意地说，"现在比过去有了很大的改进。党和政府召开重要会议，暴徒劫持民航飞机等等消息，我从报上很快就得知了。"

顾执中感到满意，但他并不感到满足，因为报纸到达他手里的时间还是太迟。他认为邮局发行工作需要改革，报纸的出版工作也需要改革，否则，报纸无法同日益发展的广播、电视竞争。他在文章中还这样主张：人民日报每天至少出版两次，第一次应该在早上7时半以前，第二次应该在中午12时以前，把报纸送到读者手里。尽管这是20多年前提出的主张，然而他这种千方百计要使报纸取得最大宣传效果的改革精神，今天仍值得我们予以注意。

顾执中对改革报纸的兴趣是非常广泛的。当我们谈到当前如何改革新闻时，他说："报纸的改革要从报社领导这一头开始。如果报纸领导不指挥，不组织编辑、记者去挖掘，好的新闻从哪里来呢？"他对有的报社负责人自己束缚自己手脚的做法，感到不好理解。他讲了一件事。去年，他有一个上海朋友，在一家报纸的副刊上发了一篇杂文。该报的一位领导认为此稿不好，对它进行了批判。他的朋友不服，把自己所有近作寄给了中央领导同志。结果中央领导同志说了话，他的朋友所受的不公正对待，才得以解决。顾执中说："党没有限制新闻自由，管新闻的朋友却限制自己。把报社内部工作限制得这么死，这怎么能把报纸办活，取得最好的宣传效果呢？"

（四）

"根据你的办报经验，要把报纸办好，重要的因素是什么？"我们问。

"人的因素很重要。"顾执中接着向我们谈起了过去《申报》

《新闻报》《大公报》《新民报》的成功之处。他说："这是同那些报社的领导人史量才、汪伯奇、汪仲伟、张季鸾、陈铭德会寻找人、善于使用人的才能分不开的。如果报社的领导人不会寻找人，又不肯爱惜和使用人的才能，要想办好报纸是万万不可能的。"

我们从爱惜人才，使用人才，谈到了如何培养人才。因为顾执中不仅是一位出色的新闻工作者，而且也是一位有名的新闻教育工作者。他是1928年上海民治新闻专科学校的创办人，而且一直是该校的校长。他领导的这所新闻学校，是一所灌输爱国主义新闻教育的学校。翦伯赞、艾思奇、柳湜、陈润生、张执一和郭沫若、许广平、田汉、华岗，曾在那里讲过课和作过报告。学校除了要求学生学好所设的课程和实习外，还领导学生积极参加党领导的抗日救亡等运动。在这所有26年历史的学校里，培养出了许多在抗日战争中、民主革命中，以及在社会主义革命和建设中，对中国新闻事业的发展尽了一些力量的人。

"你当时怎么会想起办新闻学校的呢？"我们问道。

"说来话长，"顾执中说，"我是从1923年起参加新闻工作的。工作几年后，我得知上海的中国报馆，在辛亥革命以后，编辑部中只有搞编辑的内勤，几乎没有搞采访的外勤。就是在这个时候，《新闻报》和《申报》两大报中的外勤记者也不多。而我工作的《时报》馆中，只我一人是外勤记者。我想，历史的发展，中国报纸必然需要大批新生力量，特别是外勤记者的队伍，在不久的将来，必然需要大大补充。"

“这是一个原因”，顾执中接着说,“还有一个原因，就是中国新闻工作者，不管在任何方面，其在政治上的思想，还远远落后于中国当时的政治形势的急剧发展。新时代的新闻工作者，要担负起在政治形势发展中所负的使命，不学习怎么行呢！”

正因为顾执中在培养新闻人才上有远见卓识，有战略眼光，所以，他舍得花去自己一大半心血，办民治新闻专科学校。不管遇到什么艰难困苦，即使在国民党下令要封闭学校的情况下，他仍想方设法坚持把它办下去。

“可是要不要新闻教育，在我们搞实际新闻工作的同志中，也有不同的看法，其中有的人就不怎么感兴趣。”我们说。

“这也不足怪。对于要不要新闻教育，这是一个争论很久的老问题了”，顾执中说，“远在抗战以前，就有人像戈公振先生等，认为是必要的，新闻教育是大有助于实际的，也有人像张季鸾先生，认为是不必要的，他以为一个人只要在文字写作上有相当好的基础，又有些丰富的常识，自然会搞新闻工作，有时可能一个没有在新闻学校学习过的人，比从新闻学校毕业出来的人，搞得更好。”

“看来你是属于要新闻教育的了。那你是怎么看待不要新闻教育这部分人的意见呢？”

“我认为，不需要新闻教育的理由是不充分的”，顾执中向我们举例说，“虽然人不进农业学校仍能耕田，然而我们还是需要农业学校，虽然不进工业和技术学校的人仍能在工厂和矿山里工作，然而我们还是需要各种不同种类的工业和技术学校，以彼例此，足见反对新闻教育的理由是肤浅的，不能成立的。更不容说，随着科学技术的日新月异地发展，如果我们不经过一定的系统的学习，要想干这干那，就不那么容易了。”

顾执中重视新闻教育的思想，还表现在他对中国新闻教育事业的发展的关注。1957年，他曾主张我国应有独立的新闻学校，各地的综合性大学仍应有新闻系，今天，他又提出“中国新闻教育可以分工”的主张。他认为中国人民大学、复旦大学、暨南大学、厦门大学等学校，在培养新闻人才方面，可以各有分工，培养有自己特色的学生，以适应我国对内对外宣传的需要。

现在，顾执中看到负责宣传和教育的领导，都很重视新闻教育，心里非常高兴。特别是他听到民治新闻专科学校的老同学正拟议在重庆恢复母校，在新闻教育方面为祖国贡献力量，他向我们表示了由衷的高兴。虽然他年事已高，力不从心，不能再从事这项具体教育工作，但他决定待《余烬集》一书出版后，将全部稿费交给他们，作为该校复苏时所需要的经费。顾执中对我们说：“这车薪杯水，不足以济事，只略表我芨忱而已。”

顾执中曾自豪地说过：“今后，我的最重要的工作，还是教书和当新闻记者……我要在这岗位上，向着一个最正确的方向，奋斗到死。”

这话登在1946年1月31日上海《立报》上，是他阔别上海五六年后，亲友问他“要做些什么”时的答复。他的过去和现在，正是照着自己定下的诺言行动的。他每年要去外地旅行、采访。当他在上海旅行、采访时，他看到新闻界同业，有的已过八十高龄还在勤奋写作，有的七十左右了，仍在孜孜不休，努力工作。他深有感触地说："看到大家奋发，更是对自己的鞭策，一定要以有生之年，力争做一个合格的'记者'。"

顾执中，可算是一个活到老，学到老，做到老的新闻工作者了。

顾执中的办学特色

薛大元

顾执中于1928年在上海创办民治新闻学院（后改为专科学校）至1953年高等院校调整时，并入复旦大学新闻系止，历时二十五年。民治初创时，国内仅有北平燕京大学设有新闻系，上海复旦大学中国文学系设有新闻课程，二十五年来民治为国家培养了大量的新闻工作者，有名的如陆诒（夏衍称范长江、孟秋江、陆诒为中国当代三大名记者）、尚丁（原名孙锡纲，《展望》杂志主编，上海辞书出版社编审）、张惠卿（北京人民出版社总编辑）、陈念云（上海《解放日报》总编辑）、徐惟诚（中共中央宣传部常务副部长）、罗列（原名卢鸿略，北京中国人民大学新闻系主任）等皆出于民治。

顾执中办学之特色：（一）以民主爱国之精神办学。民治校名，即取自美国独立战争后之“民有、民治、民享”立国三原则。在“一·二八”淞沪抗战中，民治多有参加后援并亲上火线参加战斗之学生，抗战前，学生参加抗日救亡运动；新中国成立前，学生参加历次爱国民主运动，为上海学联爱国民主运动六个学校之一，有六人被捕，一人牺牲，顾执中也被迫于1948年2月去了香港。（二）新中国成立前聘任中共地下党员及民主人士为教授或到校演讲。先后在民治沪校、渝校、港校、京校担任兼职、专职教授或到校演讲的有舒舍予（老舍）、沈钧儒、吴清友（联共党史的第一个译者）、艾思奇、徐盈、许杰、邓季惺（女）、陈铭德、石啸冲、冯玉祥、于友、戈宝权、郭沫若、浦熙修（女）、孙伏园，以及恽逸群、王若望、戈扬（女）、陈翰伯（渝校教务长）等。（三）课程之设置亦有特色。顾执中认为除新闻业务外，记者必须思想进步，知识广博，能懂外语并具有中英速记能力，因此开设唯物论辩证法、历史唯物主义、政治经济学、历史、中文速记（由专家唐亚伟亲自执教）、英文速记（顾执中讲授）、俄文、日文、英文、自然科学知识等课程，均为国内其他新闻院校所无；而在1947年开设广播学课程，尤为国内之创举。上海解放后首任人民广播电台台长之苗力沉，即系民治该届之学生。（四）重视学生之新闻工作实践。学校规定学生每日写新闻采访稿两篇，战前择优交上海《新闻报》发表，战后则由民治通讯社发稿。（五）民主办学。民治设有校务委员会，由教职员工及学生代表组成，在渝校时，有校务委员二十一人，其中教职员工代表六人，学生代表十五人，一人一票，凡学费、开设课程、聘请教授等重大事项，其学生之决定权高于教师。

1988年民治校友在上海为民治六十周年举办纪念活动时，老教授许杰当场题词：“艰苦办学，艰苦学习，笔大如椽，砥砺人格。”顾执中亦在会上讲话，他说：“民治是穷学校，很小，小得就像蚂蚁。但我们就是以蚂蚁的精神办学，用蚂蚁的精神工作、创业。”今年是一代报人顾执中逝世十周年，但新闻界对这位毕生致力于新闻教育、对新闻事业作出巨大贡献之老报人，其名其事，已渐淡忘。为了尊重历史，特借《文坛杂忆》一角，发表此文作为纪念。

后 记

在“左”的思潮盛行的情况下，我受到了不应有的批判，失掉了发表作品的权利。但是我却利用这段时间来追忆过去。事情总是怕对比，尽管新中国成立以后在“左”的思潮影响下，产生了一些令人不满意的情况，到十年内乱时期更是登峰造极，但是旧中国黑暗岁月恐怖凄凉的味道，像我这样年逾八旬的老人一回忆起来，不能不感到新社会的温暖和党的伟大、光荣、正确。因此我写了一些资料，名为《昔非今比》，表达了我这个耄耋老人对党的崇敬之情。《报海杂忆》是从《昔非今比》中摘出的主要章节。材料只写到我在新中国成立之初又回到上海为止。在回上海后，我除参加社会活动外，仍用我的精力办好民治新闻专科学校。1954年起被调到北京高等教育出版社工作，1963年退休，在党的尧天舜日之中，度舒适的晚年。期能为新闻教育和海外侨胞，再贡献些力量，发挥余热！

1984年5月23日

图书在版编目（CIP）数据

报海杂忆 / 顾执中著 . -- 北京 : 中国文史出版社 , 2019.7

（百年中国记忆 · 报人系列）

ISBN 978-7-5205-1167-4

Ⅰ . ①报… Ⅱ . ①顾… Ⅲ . ①新闻事业史－史料－中国－民国 Ⅳ . ① G219.296

中国版本图书馆 CIP 数据核字（2019）第 142837 号

责任编辑： 程　凤

出版发行：**中国文史出版社**
社　　址：北京市海淀区西八里庄 69 号院　　邮编：100142
电　　话：010—81136606　81136602　81136603（发行部）
传　　真：010—81136655
印　　装：北京新华印刷有限公司
经　　销：全国新华书店
开　　本：787 × 1092　1/16
印　　张：14　　　　插页：2
字　　数：147 千字
版　　次：2020 年 1 月北京第 1 版
印　　次：2020 年 1 月第 1 次印刷
定　　价：42.00 元